運用キャリア30年超の
ファンドマネージャーが教える

金利を見れば投資はうまくいく

[日本編]

About the economy,
investments and interest rates

堀井正孝
Masataka Horii

CROSSMEDIA PUBLISHING

はじめに
「金利」を知れば、
投資に役立つ

今までと何かが違うぞ、日本経済

　日本では、2023年5月8日からCOVID-19（新型コロナウィルス感染症）が5類感染症へ移行し、日常生活が戻りましたが、どうも以前とは様子が違います。

　身近では、値上げに次ぐ値上げ、人手不足でサービスが低下、ローン金利の上昇など、出費が増えた、値上げはいつまで続くの？と不安に思いませんか。

　日経平均株価は、2024年3月に40,000円突破、7月11日には42,222円の史上最高値更新しましたが、肌で感じる景気とギャップを感じませんでしたか。

　2024年7月31日に利上げ決定すると、8月5日に日経平均株価は前週末比▲4,451円と大暴落、米ドル円はたった1日で10円近く円高に……驚きませんでしたか。焦りませんでしたか。

「金利」は、下落を察知か

金利の変化は、何かを知らせるサインです。

株価が上昇し続ける中、当初、上昇していた長期金利が、2024年7月頃から上昇を止め、低下し始めていました。気づいていた方は、株価最高値更新や利上げの発表に警戒感を抱いたはずです。

日本経済の大転換、金利のある時代に

日本は、ここ数十年続いた超低金利(ほぼゼロ％)時代から、プラス％の時代に戻ろうとしているのです。今までとは違います。歪みもギャップも、イレギュラーな動きも出てくるでしょう。だからこそ、「金利」という軸を作り、予測や判断に役立てていただきたいのです。

「金利」は金融市場の「炭鉱のカナリア」である

炭鉱労働者にとって、カナリアは一種の警報(アラーム)で、坑道に3羽のカナリアを連れていき、1羽でも鳴き止んだら、ガスの発生等「なんらかの変調・危険」があると察知しました。

金融市場の変調を知らせてくれるのが「金利」だと、私は確信しています。

経済の中心は「金利」

そんな単純なことではありませんが、「金利」が動いたから、2024年8月5日、株価と為替が動きました。

米国の金利が世界経済を、日本の金利が日本経済を動かし、各国の金利が変わることで影響を受け合います。だから、日本を含め世界各国が米国の動向に注目するのです。

金利を見れば、景気が分かる

金利の見方、使い方さえ習得すれば、「金利」は、景気と言う漠然としたものを具体化してくれるツールとなり、景気を考える上で、誰よりも頼りになる存在です。

今、日本で起こっていることは、決して特異な事態ではありません。「金利」を見れば、今起きていることの背景が、今の景気が、日銀（日本銀行）の気持ちが、これからの課題が分かるはずです。

景気には四季がある

景気の善し悪しは、今日明日で区切ることはできませんが、景気には、日本の四季のように、春・夏・秋・冬があるのです。「金利」が動いて、季節を教えくれます。

はじめに 「金利」を知れば、投資に役立つ

金利を、投資に活かす
　季節ごとに、効率の良い投資先があります。大切な資金を増やすため、是非「金利」を投資に役立ててください。

　本著は、「日本編」のタイトルとおり、できる限り、日本の金利と経済に絞りました。そんなに言うなら、日本なら身近だし、これから役に立つかもしれないし、「金利」を学んでみようかなと思っていただけたら幸いです。
　なお、『**改訂版　金利を見れば投資はうまくいく**』（2022年6月）では、米国を中心に金利と経済を詳しく説明しています。本著と合わせてお読みいただければ、金利の見方、米国の役割、米国と日本の違いなどさらに理解を深めていただけると存じます。

はじめに
「金利」を知れば、投資に役立つ …… 2

 今までと何かが違うぞ、日本経済 …… 2
 「金利」は、下落を察知か …… 3
 日本経済の大転換、金利のある時代に …… 3
 「金利」は金融市場の「炭鉱のカナリア」である …… 3
 経済の中心は「金利」 …… 4
 金利を見れば、景気が分かる …… 4
 景気には四季がある …… 4
 金利を、投資に活かす …… 5
 〈読み替え・略語　一覧〉 …… 18

Index

第 1 章
景気と金利の関係

1 金利とは？ ……20

① お金が動くとき、金利が誕生 ……20

②「インフレ」で、100万円の価値が1年後に減っているかも ……22
ⅰ インフレーション（inflation）、略して「インフレ」
ⅱ デフレーション（deflation）、略して「デフレ」
ⅲ インフレ率（物価上昇率）

2 覚えるべき3つの金利 ……24

① 短期金利：政策金利 ……24
ⅰ 政策金利とは中央銀行に支払う金利
ⅱ 金融政策とは政策金利の変更

② 長期金利：10年国債利回り ……26
ⅰ 「債券」とは、期間・利率を定めた資金調達の1つ
ⅱ 10年国債利回りは10年の基準金利

③ 社債利回り ……27
ⅰ 社債と国債は発行体の違い
ⅱ 流通利回りの差は、信用力の差
ⅲ 格付けは信用力の通信簿
ⅳ 社債スプレッド（％）＝社債利回り－国債利回り

3 日銀（日本銀行）の役割 ……30

① 日銀の立ち位置は？ ……30
ⅰ 長期金利との関係
ⅱ 短期金利との関係

② 日銀が景気をコントロール ……………………………………… 32
　ⅰ 資金供給（QE）
　ⅱ 資金吸収（QT）

4 経済の中心にあるのが「金利」 …………… 34

① 2つの景気サイクル ………………………………………………… 34
　ⅰ 金融政策サイクル（5年）
　ⅱ 信用サイクル（10年）
　ⅲ ちなみに、米国の景気サイクル

② 金融政策サイクルには四季がある ……………………………… 38
　ⅰ 四季の特徴
　ⅱ Point 1：長期金利は、短期金利の先を行く景気の「バロメーター」
　ⅲ Point 2：長短金利差は、景気の「先行指標」
　ⅳ Point 3：長短金利差がマイナスになったら冬接近

③ 切り離せない米国の影響 ………………………………………… 46
　ⅰ 全ては米国から始まる
　ⅱ 米国の景気サイクルの特徴
　ⅲ 為替が日本に連れてくる米国の影響

④ 銀行が融資するか、それが信用サイクル ……………………… 54
　ⅰ 信用サイクルの4つの局面
　ⅱ 社債スプレッドで分かる信用リスク
　ⅲ 金融政策サイクル＋信用サイクル＝10年に1度の危機
　ⅳ 景気後退のサインは、社債スプレッドの拡大

Index

第2章
日本の金融政策を振り返る
～今を知る一番の近道～

- **1** 歴史は繰り返されるのか ……… 64
- **2** ❶ 円高が呼んだバブル
  （1980年～1990年） ……… 68
  - ① 米国：1980年代前半
    ネックとなった「米ドル高」 ……… 68
  - ② 日本：1981年～82年
    「米ドル高・円安」の恩恵（❶a春） ……… 69
  - ③ 日本：1982年
    貿易摩擦で、短期金利高め誘導（❶a夏） ……… 69
  - ④ 米国：1985年　プラザ合意で「米ドル安」 ……… 70
  - ⑤ 日本：1985年
    許されなかった貿易一人勝ち（❶a秋） ……… 70
  - **プラスα：経常収支に変化あり** ……… 71
  - ⑥ 日本：1986年～87年　円高不況に（❶b冬） ……… 74
    - ⅰ 計5回もの利下げ
    - ⅱ 商品を進化させた円高デメリット
    - ⅲ 低インフレという円高メリット

⑦ 米国：1987年2月　ルーブル合意で、米ドル買いへ……75
⑧ 日本：1987年　バブル誕生（❶b春）……75
　ⅰ 金（カネ）余りの日本
　ⅱ 天井知らずの株高、不動産高
⑨ 米国：1987年10月　ブラックマンデー……76
　ⅰ グリーンスパンFRB議長就任で、引き締め開始
　ⅱ 1987年10月19日　ブラックマンデー（暗黒の月曜日）
⑩ 日本：1988年～89年
　金融政策サイクルを逸脱（❶b夏）……77
　ⅰ 金融政策サイクルを逸脱
　ⅱ バブル膨張
　ⅲ 日銀がバブル退治に目標変更
　ⅳ 計5回の利上げ
⑪ 日本：1990年
　遅すぎ＆急激過ぎた利上げ（❶b秋）……78
　ⅰ 金融政策サイクルを逸脱で、株価暴落
　ⅱ 金利は警告していた

3　❷ 何度もの危機で、ぶり返す冬（1991年～2007年）……82

① 日本：1990年～97年　ぶり返す冬……82
　ⅰ 1990年　バブル崩壊・信用サイクル悪化（❷c冬）
　ⅱ 1991年　「株安、円安、原油高」の逆風（❷c冬）
　ⅲ メキシコ通貨危機で、1995年　短期金利低め誘導（❷c'冬）
　ⅳ 1997年　アジア通貨危機で、景気減速（❷c'秋）

② 日本：1998年～2007年　正常化へ2度失敗……86
　ⅰ 1998年　利下げへ（❷d冬）
　ⅱ 1999年　米ドル買い介入で、MB拡大（❷d春）
　ⅲ 2000年　金融政策正常化へ1度目のトライ（❷d夏）
　ⅳ ITバブル崩壊で、2001年　ゼロ金利政策ふたたび（❷d'冬）
　ⅴ 2006年　金融政策正常化に2度目のトライ（❷d'夏～秋）
　ⅵ 金利も警告していた

Index

プラスα：長期金利が上昇する春、ショック到来 ……… 92
- i タテホ・ショック（❶b春）
- ii 資金運用部ショック（❷d春）
- iii VaRショック（❷d'春）
- iv 米国地方銀行相次ぎ破綻（第4章参照）
- v カリフォルニア州オレンジ郡破綻

4 ❸ もう失敗できない日銀（2008年〜2024年） ……… 94

① 米国：2008年「リーマンショック」勃発 米ドル安へ ……… 94

② 日本：2008年〜13年　日米の危機（❸e冬） ……… 95
- i 2008年　利下げ開始
- ii 2011年　東日本大震災で、超円高へ

③ 日本：2013年〜16年 異次元緩和を宣言（❸e冬〜春） ……… 95
- i 2013年1月　インフレ目標の導入（❸e冬）
- ii 2013年3月　異次元緩和開始（❸e冬）
- iii 2016年1月　マイナス金利の導入（❸e冬）
- iv 2016年9月　YCCの導入、実は金融引き締め（❸e夏）

④ 日本：2018年　フォワードガイダンス導入（❸e秋） ……… 99

⑤ 日本：2018年〜19年 金融政策正常化へ動き出す（❸f） ……… 103
- i 2018年10月　シャドー金利低下（❸f冬）
- ii 2019年10月　国債買入額を縮小（❸f夏）
- iii 2019年12月　COVID-19を確認（❸f秋）

⑥ 日本：2020年〜24年現在 コロナショックから急回復、正常化へ（❸f'） ……… 104
- i 2020年　金融緩和を強化（❸f'冬）
- ii 2020年5月〜21年　MB急拡大（❸f'春）
- iii 2024年　金融政策正常化へ本格始動（❸f'夏）

第3章
日本の金利が動き始めた!

1 季節は春から夏へ、動き始めた日本の金利 ……110
① 2023年4月、日銀、新体制発足 …… 110
② 2023年7月、YCCを修正 …… 112
③ 無風だった2024年3月会合 …… 114
④ 2024年4月会合　円安が加速 …… 116
プラスα：なぜ円安なのか？　実質金利から説明 …… 117
ⅰ 名目金利と実質金利
ⅱ 実質金利の差
ⅲ 円安をやめるか、金利上昇か

2 夏の気配感じるも、早くも秋か？ ……120
① 2024年7月会合　変わり始めた日銀のスタンス …… 120
② 2024年8月5日、株価大暴落 …… 122
③ 利上げ後に景気後退の過去 …… 124
ⅰ 利上げ後に景気後退
ⅱ 米→欧→日のタイムラグ
④ 短い夏、早くも秋か？ …… 126
ⅰ 長期金利低下で秋の気配か
ⅱ 金は冬が短いことまで知っているのか

プラスα：住宅ローン金利を考える時代が来た 130
 ⅰ 金利はどこまで上がるのか？
 ⅱ フォワード金利で分かる、将来の変動金利水準
 ⅲ 変動金利と固定金利の関係
 ⅳ フォワード金利を観察しよう
 ⅴ リスクプレミアムは、
  リスク享受のご褒美か、リスク回避の保険料か

第4章
どうする日銀

1 利上げは、続くのか？ 140
① 長期国債買い入れ減額が始まった 140
② カネ余りが終了 142
③ 銀行の預金獲得競争が始まる 144

2 課題１：利上げとQTで、米銀破綻の現実 146
① 2023年3月、米国で見られた銀行不安 146
② 破綻を招いた春の評価損と預金流出 148
③ 日本の銀行は大丈夫か？ 150

3 課題２：誰が日本国債を買うのか？ 152
① 国債発行が急増 152

② 国債は日銀へ ……………………………………………… 153
③ 誰が日本国債を買うのか？ ……………………………… 154
④ 頼りにならない海外投資家 ……………………………… 156

4 課題3：CDSは警告する、悪い金利上昇 …………… 158

① 良い金利上昇と悪い金利上昇 …………………………… 158
② ギリシャショックとトラスショック ……………………… 159
　ⅰ ギリシャショック
　ⅱ トラスショック（英国）
③ トランプショックは、問題なし ………………………… 162
　ⅰ トランプショックは、良い金利上昇
　ⅱ 債務上限引き上げ問題は、悪い金利上昇
④ 日本のCDSは、大丈夫か？ …………………………… 164
⑤ 短期金利「命」の日本 …………………………………… 166
　ⅰ 日米の財政に明暗か
　ⅱ 利払い費増の米国
　ⅲ 統合政府で負担減の日本
　ⅳ 住宅ローンも短期金利「命」

第5章
世界から日本を考える

1 まず、米国のサイクルを確認 ……………………… 172

① ワールド・ダラー（WD）から見た米国 ……………… 172
　ⅰ WD＝米国内ドル＋海外ドル

Index

  ii WDで季節が移り変わる米国 冬へ

② 長短金利から見た米国 ……………………………………… 176

③ 信用サイクルから見た米国 …………………………………… 178
  i 米銀の融資姿勢から見る信用サイクル
  ii 企業のレバレッジ状況

④ 米国のメインシナリオ:早めの春 …………………………… 183
  i 米国の今:短い冬の始まり
  ii 米国のこれから:短い冬→春へ

⑤ 米国のリスクシナリオ:信用サイクルの悪化 …………… 188
  i 気になる米国の商業向け不動産
  ii 信用サイクル悪化 → 大幅利下げ → 米ドル安

2 日本のサイクル …………………………………………………… 192

① 日本の信用サイクル ……………………………………………… 192
  i 企業収益から見る信用サイクル
  ii 銀行株が語る信用サイクル

② 今の日本の金融政策サイクル ………………………………… 194
  i 為替ありきの日本
  ii 長短金利差から見える金融政策サイクル
  iii 日本の金融政策サイクルの今を考える

③ 世界から見た日本(メインシナリオ)…………………………… 200
  i メインシナリオのポイント
  ii 2024~2025年 米国は短い冬へ、日本は夏トライも秋へ
  iii 2025~2026年 世界的に春
  iv 2027年~ 歴史は繰り返されるのか?

④ 世界から見た日本(リスクシナリオ)…………………………… 204

⑤ 投資環境スコアで確認 ………………………………………… 205
  i 投資環境スコアを作成~自動的に総合判断
  ii ボトムの予測 ~投資環境スコアは過去の危機を見破れたのか

プラスα:チェックシートで米国を確認 ………………………… 212

第6章
投資に活かす

1 預金だけの時代は終わった ……216

① 資産運用は苦手、という意識が大事！ ……216
② 預金ではダメですか？ ……218
　ⅰ 利上げでも、預金金利はそれほど上がらない
　ⅱ 「インフレ」でお金の価値が下落
　ⅲ 何もしないこともリスクの1つ

③ ギャンブル・投機・投資の違い ……220
④ 自分にあった投資スタイルを見つける ……222

2 投資の心得 ……223

① なぜ、「長期」投資が有効なのか ……223
　ⅰ 時間が味方の長期投資
　ⅱ 長期投資は、チャンスを逃さない

② 時間分散投資 ……225
③ ポートフォリオ分散投資 ……226
　ⅰ 投資における4つのリスク
　ⅱ ベース資産を築く
　ⅲ 何をベース資産にするべきか

④ ポートフォリオを考えよう ……230
⑤ 実は理想的？　日銀のポートフォリオ ……232

プラスα：豪ドルは新興国経済に連動する ……234
　ⅰ 商品市況の下落は、新興国には▲、先進国には＋
　ⅱ オーストラリアは、先進国＆資源産出国
　ⅲ 類似の働き

Index

3 景気に合わせたポートフォリオの構築 ……… 236

① 景気循環と市場の関係 ……… 236
- ⅰ 景気減速期：経済指標や企業業績の悪化が鮮明となる局面
- ⅱ 景気回復期：経済指標や企業業績が底打ちする局面
- ⅲ 景気拡大期：経済指標や企業業績の回復が鮮明となる局面
- ⅳ 景気成熟期：経済指標や企業業績が頭打ちする局面

プラスα：インフレ率　体感温度はもっと高い？ ……… 242
- ⅰ インフレ率、なぜ低い？
- ⅱ インフレターゲットは、利上げを急がない理由
- ⅲ インフレ局面は、なぜ株高？

② 金融政策サイクルとポートフォリオ ……… 246
- ⅰ 2024～2025年　冬のポートフォリオ事例
  米国は短い冬へ、日本は夏トライも短いサイクルで秋～冬へ
- ⅱ 2025～2026年　春のポートフォリオ事例
  世界的に春になる時
- ⅲ 2027年～　夏のポートフォリオ事例
  インフレ懸念から世界的に利上げへ
- ⅳ 2028年～　秋のポートフォリオ事例
  実りの秋、ただし、冬支度も忘れずに

プラスα：「金」が輝く時 ……… 250

おわりに
金利のある世界にようこそ！ ……… 252

円債がベース資産だった時代 ……… 252
ゼロ金利は資産運用難の時代 ……… 253
資産運用の必要性 ……… 254
本著を感謝のしるしに ……… 255

読み替え・略語 一覧

本著においての記載は、以下のとおりとします。

・短期金利とは、政策金利

・長期金利とは、10年国債利回り

・社債スプレッドとは、10年社債利回り－10年国債利回り

・春夏秋冬とは、金融政策サイクル上の四季

・新型コロナウィルス感染症 ＝ COVID-19

・資金供給 ＝ QE

・資金吸収 ＝ QT

・マネタリーベース ＝ MB

・ワールド・ダラー ＝ WD

・イールドカーブ・コントロール ＝ YCC

第1章

景気と金利の関係

The economy and interest rates

1 金利とは？

① お金が動くとき、金利が誕生

　金利とは、資金を一定期間貸し借りする際に発生する費用のことです。

　例えば、100万円を5年間、年1％の金利で貸し借りをする場合、毎年1万円（年1％の割合）を、貸し手は融資の報酬として受取り、借り手は資金調達の手数料として支払います。

　お金が動くことで、金利が発生し、お金の需給によって、金利が変動します。簡単に言えば、お金を貸したい人より借りたい人が多い場合、高い金利を払うから貸して欲しいという人が増えて、金利は上がっていきますが、金利が上がりすぎると、借り手が減り、金利が下がります。

　そして、本著の根幹になりますが、金利が動くことで景気が循環するのです。

第1章 景気と金利の関係

1-1 お金の貸し借りのイメージ

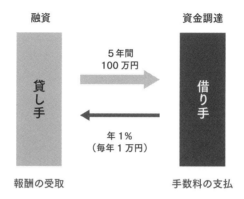

需要	金利（利息）
貸し手 < 借り手	上昇
貸し手 > 借り手	低下

出所：筆者作成

②「インフレ」で、100万円の価値が1年後に減っているかも

　モノの価格には、車や日用品などのいわゆる物の価格と、家賃や通信料、授業料などサービスの価格とが含まれます。

　時によって、モノの価格は変動します。例えば、今100万円で買える車が、1年後に110万円になったとしたら、1年で車の価値が10万円分上がったことになります。

　お金はどうでしょうか？　目の前にある100万円は、1年経っても100万円のままです。今なら先ほどの車が買えますが、1年後は、同じ車なのに10万円足さないと買えません。1年で現金100万円の価値が下がってしまいました。

　お金の価値を下げないためには、モノの価格の上昇に合わせて、お金を増やす必要があります。

1-2　　物価が上がりお金の価値が減るイメージ

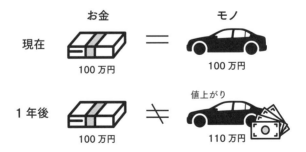

簡単に、モノの価格と景気の関係を確認しておきましょう。

i インフレーション (inflation)、略して「インフレ」

モノの価格が継続的に上昇することです。

良いインフレは、景気拡大の好循環を生みます。

「物価上昇→企業業績アップ→給料アップ→購入意欲アップ」

悪いインフレは、スタグフレーション(景気停滞＋物価上昇)と呼ばれ、家計圧迫の悪循環を生みます。

「原材料価格上昇→企業努力でコスト削減→給料横ばい・物価上昇→家計圧迫」

ii デフレーション (deflation)、略して「デフレ」

モノの価格が継続的に下落することで、良いインフレと真逆な状態です。数年前まで、日本はデフレ状態でした。

iii インフレ率 (物価上昇率)

物価の変動度合いを表す指標として「消費者物価指数(CPI)」があり、このCPIを前年と比較した上昇率が「インフレ率(物価上昇率)」です。

インフレは、日本銀行(日銀)が金利を動かすことで、コントロールします。日本は、今、インフレ率2%を維持して(毎年CPI前年比が2%上昇)、良いインフレを目指そうとしているところです。

2 覚えるべき3つの金利

① 短期金利：政策金利

i 政策金利とは中央銀行に支払う金利

短期金利は、一般的には期間が1年未満の金融資産の金利を言い、政策金利は、短期金利の1つです。

「政策金利」とは、中央銀行（米国はFRB、日本は日銀）が金融政策によって市場金利を誘導する目標となる基準金利です。簡単に言うと、中央銀行が民間銀行に融資を行う際の金利です。

ii 金融政策とは政策金利の変更

金融政策とは、中央銀行が、景気を安定的に拡大させるため、市中に出回るお金の量（通貨供給量）を調節することです。

通貨供給量を減らすのが「金融引き締め」、増やすのが「金融緩和」で、代表例は、「利上げ」と「利下げ」です。中央銀行は、景気が良いときには、利上げし、景気が悪いときには、利下げします。つまり、金利が上がると、お金を借りる人が減るので、経済活動が抑制され、金利が下がると、お金を借りる人を増えるので、経済活動が活性化する仕組みです。

政策金利は、金融政策の影響を大きく受けます。

第1章 景気と金利の関係

1-3 金融政策のイメージ

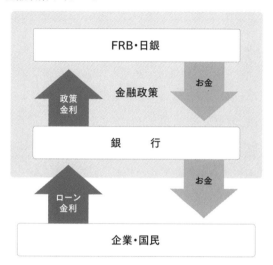

景気	金融政策		ローン・預金利率
	政策金利	市中に出回るお金（通貨供給量）	
景気が良い	上げる	減る	上がる
景気が悪い	下げる	増える	下がる

出所：筆者作成

② 長期金利:10年国債利回り

i 「債券」とは、期間・利率を定めた資金調達の1つ

長期金利とは、一般的には期間が1年以上の金融資産の金利をいい、10年国債利回りは、長期金利の指標の1つです。

債券とは、国や企業が、期間や利率を決めて、一般投資家から資金調達をするために発行するものです。そして、10年国債とは、国が期間10年で資金調達するために支払う利率を決めて発行する債券のことです。

ii 10年国債利回りは10年の基準金利

10年国債利回りとは、債券市場における10年国債の流通利回りのことで、流通利回りとは、債券市場で債券を購入し、満期まで保有し続けた場合の1年あたりの利回り(%)です。

債券と言うと難しく聞こえますが、流通利回りには、発行体(債券の発行者)、価格、利率(クーポン)、年限(期間)などの債券を構成する要素がすでに盛り込まれているので、債券の価格と利率の関係など面倒なことを考える必要はありません。流通利回りはお金を借りるときに支払う金利だと考えて下さい。

10年国債利回りは、低コストで資金調達ができるか等の長期資金の需要・供給、いわゆる景気の影響を大きく受けます。

③ 社債利回り

i 社債と国債は発行体の違い

社債は、国債同様、債券の1つで、国債は、国が発行するのに対し、社債は、企業が発行します。

社債利回りとは、債券市場におけるその社債の流通利回りのことで、企業が今日資金調達をする場合のコストです。言い換えれば、発行体となる企業の信用力が、社債利回りに反映されています。「信用力」とは、満期が来たら借りたお金をきちんと返済できるか、定期的に利息を支払えるか、という返済（支払）能力のことです。

ii 流通利回りの差は、信用力の差

債券の流通利回りは、発行体の債務不履行リスク・デフォルトリスクなどの総合的な信用リスクに応じて異なります。

同年限で比べた場合、一般的には、国のほうが、その国の企業より信用力が高いので、社債利回りより国債利回りのほうが低くなります。また、信用力が高い企業の社債利回りのほうが、低い企業の社債利回りより低く（調達コストが低く）なります。

iii 格付けは信用力の通信簿

信用力を測るには、債券の流通利回りのほか、民間の格付け会社が決める「格付け」があります。「信用格付け」とも言われます。

主に政府(国)・企業の長期的な債務の返済能力(デフォルトの確率やその影響)を分析し、その信用力をAaa(最高)〜C(最低)や更に3(高い)〜1(低い)等記号を組み合わせて示したものです。ムーディーズ(Moody's)は、2024年9月現在、米国をAaa、ギリシャをBa1としていますが、これは、米国は信用力が非常に高く、ギリシャは信用力が低い(信用リスクが高い)という意味です。

格付けが高い企業は、低い金利で資金を調達できますが、格付けが低い企業は、それ相応の金利が求められます。

1-4　発行体の違いによる信用力のイメージ

発行体	信用力	流通利回り(同年限)
国	一番高い	一番低い
企業1(Aa)	高い	低い
企業2(A)	まあまあ高い	まあまあ低い
企業3(Baa)	低い	高い

出所:筆者作成

iv 社債スプレッド(%)＝社債利回り－国債利回り

社債スプレッドとは、同年限の社債利回りから国債利回りをマイナスした数値(％、またはbp)です。つまり、国と企業との資金調達コストの差で、同年限なら、企業の格付けが低いほど、社債スプレッドは大きくなります。

社債スプレッドは、景気後退局面では拡大し、景気が良い時は縮小します。後述の信用サイクルを把握するための効果的な指標なので、覚えておきましょう。

1-5　社債スプレッドのイメージ

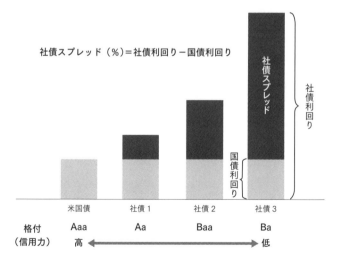

出所：筆者作成

3 日銀(日本銀行)の役割

① 日銀の立ち位置は？

　日本銀行(日銀)とは、日本で唯一の中央銀行です。
〈1-6〉のとおり、立ち位置としては、民間銀行の銀行で、企業や個人は、民間銀行を通じて、金利や景気の影響を受けます。

i 長期金利との関係

- 景気が回復 → 借り入れ需要が増加、民間銀行が融資を増やす → 長期金利が上昇（①）
- 景気が減速 ⇒ 借り入れ需要が減少、民間銀行が融資を減らす ⇒ 長期金利が低下（①）

ii 短期金利との関係

- 中央銀行が短期金利を引き下げ → 民間銀行の資金調達金利が低下（②③）、中央銀行への預金金利が低下（④）→ 民間銀行が融資を増やす → 景気にプラス
- 中央銀行が短期金利を引き上げ ⇒ 民間銀行の資金調達金利が上昇（②③）、中央銀行への預金金利が上昇（④）⇒ 民間銀行が融資を減らす ⇒ 景気にマイナス

第1章　景気と金利の関係

1-6　日銀の立ち位置のイメージ

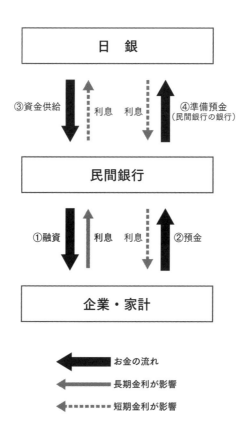

出所：筆者作成

② 日銀が景気をコントロール

　日銀の重要な業務の1つが、物価の安定を目的とした金融政策の決定・実行です。何もせず好景気が続くはずはなく、日銀が、金融引き締めと金融緩和を使いこなし、景気の波をコントロールしているのです。

　金融政策には、政策金利の変更（利上げ・利下げ）の他にも、市場への資金供給（QE）・市場からの資金吸収（QT）という手法があります。

i 資金供給（QE）

　QE（Quantitative Easing）とは、量的緩和政策です。

　中央銀行が市場から主に国債を購入して、市場に資金を供給することで、経済活動を活性化させます。その結果、MBの量は増加します。日本では、2001年3月に初めてQEを導入しました。

ii 資金吸収（QT）

　QT（Quantitative Tightening）とは、量的引き締め政策です。

　QEの解除を意味し、保有国債について、満期を迎えても再投資せず、中央銀行のバランスシートを段階的に圧縮することで、経済活動を抑制します。MBの量は減少します。

　第3章、第4章で詳しく説明しますが、日本では、2024年8月5日の株価暴落は、このQTも絡んでいます。

第1章 景気と金利の関係

1-7

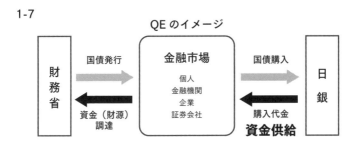

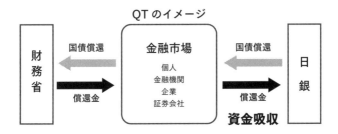

出所：著者作成

豆知識：マネタリーベース(MB)とは

MBは「資金供給量」ともいい、日銀が世の中に供給する資金量のことで、市中に出回っている現金（紙幣と硬貨）と金融機関が日銀に預けている当座預金の合計です。
　MB＝「日本銀行券発行高」＋「貨幣流通高」＋「日銀当座預金」

4 経済の中心にあるのが「金利」

① 2つの景気サイクル

景気には主に、5年周期と10年周期のサイクルがあります。

i 金融政策サイクル（5年）

景気と金融政策の関係を表します。米国では約5年のサイクルで、「景気回復 → 金融引き締め（利上げ・QT）→ 景気減速 → 金融緩和（利下げ・QE）」を繰り返します。

景気が良くなると、株の配当金が増えた、ボーナスが増えた、ローン金利が上がった等、私たちが身近に感じる景気の良し悪しやその移り変わりを表すのが金融政策サイクルと言えます。

ii 信用サイクル（10年）

景気と企業の信用力（財務面から見た健全性）の関係を表します。米国では約10年のサイクルで、「調達金利の低下（景気上向き）→ 借入拡大 ＝ 信用悪化 → 調達金利の上昇（景気下向き）→ 借入縮小 ＝ 信用回復」を繰り返します。

第 1 章　景気と金利の関係

1-8　5 年サイクル

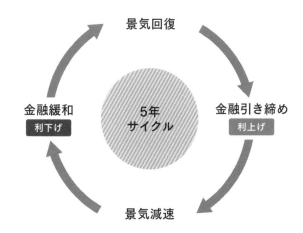

1-9　10 年サイクル

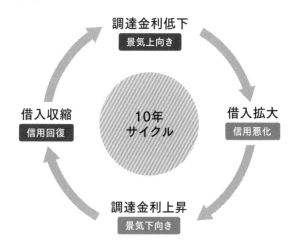

iii ちなみに、米国の景気サイクル

＊景気は、ISM製造業景況指数の50が基準

　米国の景気を振り返ると、〈1-10〉の通りです。シャドー部分はNBER（景気全米経済研究所）が認定した景気後退局面で、当然ながら、ISM製造業景況指数は50を下回って推移します。

＊米国の2つのサイクル

　〈1-10〉には2つのサイクルがあります。

　信用サイクルは、「景気後退局面であるシャドーからシャドーまで（⌒↓）」が1周期で、金融政策サイクルは、「景気がかなり良くなったのに、指数50または50割れに戻る（⌒↓）」のが1周期になります。

　景気の大きな波は、金融政策サイクルと信用サイクルで作られていて、

> **2つのサイクルが下向きに重なる約10年に1度**
> **大きな景気後退局面が訪れる**

結果となっています。

　この2つのサイクルを理解すれば、景気を予測する大きなヒントになります。

第 1 章 景気と金利の関係

1-10 米国景気サイクル（ISM 製造業景況指数）

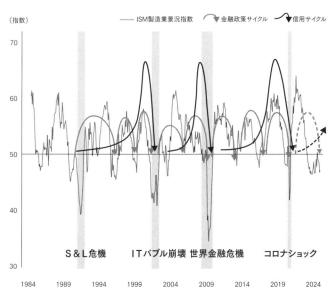

注）シャドーは景気後退局面（NBER）
出所：FRB、St Louis 連銀（FRED）より筆者作成

豆知識：ISM製造業景況指数

ISM（全米供給管理協会）が発表する米国の製造業の景況感を示す指標の1つで、米国の主要指標の中で最も発表が早く（当月分を翌月第1営業日に発表）、景気転換の先行指標として注目されています。ISM製造業景況指数の推移は、米国景気の良し悪しを表し、指数50を基準として、50を上回ると景気拡大、50を下回ると景気後退を意味します。

② 金融政策サイクルには四季がある

ⅰ 四季の特徴

金融政策サイクルは、3つの金利のうち、「短期金利」と「長期金利」を組み合わせて考えます。

金融政策サイクルには、

- 景気回復（春）
- 景気過熱（夏）
- 景気減速（秋）
- 景気後退（冬）

の大きく4つの局面があり、日本の四季とよく似ています。季節のイメージ通り、春は景気に明るい兆しが見え、夏に盛り上がっていたら、気づくと秋、肌寒さを感じ始め、まもなく凍える冬が来るという感じでしょうか。そして、また、柔らかな日差しのもと春が訪れます。

〈1-11〉と〈1-12〉は、季節ごとに、長期金利と短期金利の特徴をまとめたものです。

ポイントは3つあります。

なお、**本著記載の四季（春夏秋冬）は、金融政策サイクル上の四季**となります。

第1章 景気と金利の関係

1-11 四季の移り変わり

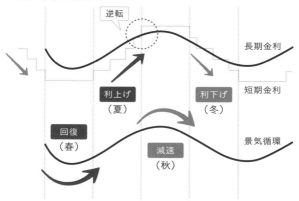

1-12 四季の特徴

局　面		春	夏	秋	冬
景気循環	景気	回復	過熱	減速	後退
景気循環	金融政策	様子見	利上げ	様子見	利下げ
金利の動き	短期金利	横ばい	上昇	横ばい	低下
金利の動き	長期金利	上昇	緩やかな上昇	低下	緩やかな低下
長短金利差	（長期-短期）	拡大	縮小	縮小	拡大

出所：筆者作成

ii Point 1：長期金利は、短期金利の先を行く景気の「バロメーター」

＊先ず動くのは、長期金利

　春に長期金利が上昇すると、夏に短期金利が上昇します。

　秋に長期金利が低下すると、冬に短期金利が低下します。

　短期金利は金融政策によって変動するのに対し、長期金利は景気や資金需要に影響を受けて変動することが原因です。それぞれ影響を受ける季節が1つ違うため、金利が動く季節にも1つ、違い（ズレ）が生じるのです。

＊短期金利、春と秋は横ばい

　金融政策の変更は、国全体の金利水準を変えてしまうため、景気を確認しながら慎重に行われます。

　夏は利上げ、冬は利下げで短期金利が動きますが、春と秋は、景気が底を打ったか（冬→春）、天井をつけたか（夏→秋）、中央銀行が、経済指標等を分析し景気を確認するため、政策金利を動かせない、金融政策が様子見の時期となり、短期金利は横ばいとなります。

＊長期金利は、短期金利に先行して動く

長期金利は、景気の変化に敏感で、景気が回復し、資金需要が高まる「春に上昇」し、景気が減速し、資金需要が減退する「秋に低下」します。春と秋に横ばいとなる短期金利に先行して動き出すのです。

まさに長期金利は「景気のバロメーター」です。

＊夏の終わりに逆転現象

〈1-13〉を見ると、短期金利が長期金利を上回る（逆転）状態が見られます。これは、夏の終わりに起きる現象で、冬を予測する上で重要な意味を持っています。Point 3で改めてお話しします。

1-13　長短金利逆転のイメージ

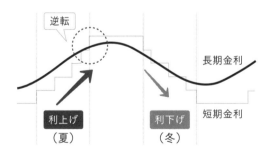

出所：筆者作成

iii Point 2：長短金利差は、景気の「先行指標」

＊長短金利差＝長期金利－短期金利

　長短金利差とは、長期金利から短期金利をマイナスしたもので、その変化で、景気の移り変わりを知らせてくれます。

＊夏の縮小は秋の気配

　春、短期金利は横ばいで、長期金利が上昇を始め、長短金利差は拡大します。夏、利上げで、長短金利差は縮小します。

　夏に、長短金利差が縮小し始めたら、景気が減速する（秋が近い）サインです。

＊冬の拡大は春の足音

　秋、短期金利は横ばいで、長期金利が低下を始め、長短金利差は縮小します。冬、利下げで、長短金利差は拡大します。

　冬に、長短金利差が拡大し始めたら、景気が回復する（春が近い）サインです。

＊2段階目の縮小で晩秋を知る

　夏は、利上げを背景に、短期金利の上昇によって縮小し、秋は、利下げ期待を背景に、長期金利の低下によって更に縮小します。

　長期金利が低下し、長短金利差の縮小が続くようであれば、景気減速局面の終わり（晩秋）が近いサインです。景気後退局面（冬）が近づいてきているとも言えます。

＊長短金利差は予言者

長短金利差は、長短金利の動きの違いから、季節の移り変わりを知らせてくれます。まさに、景気の「先行指標」です。

1-14　イールドカーブの変化と金融政策サイクル

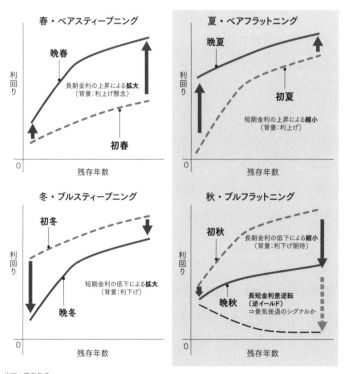

出所：筆者作成

（イールドカーブについては、後述の豆知識も参照）

ⅳ Point 3：長短金利差がマイナスになったら冬接近

＊長期金利は寒さに敏感

　短期金利は、夏に利上げで上昇し、秋に横ばいとなります。

　景気に対して敏感な長期金利は、夏とはいえ、遠くに冬（利下げ）の気配を感じると、低下し始めます。

　それ故、夏から秋へ季節が変わるとき、長短金利は逆転します。

＊夏の逆転現象は悪い予感

　金融政策の引き締め局面（夏）で「長短金利差がマイナス」になったら、引き締め（利上げ）は終了し、景気減速局面（秋）が到来したことを意味します。あるいは、景気後退局面（利下げ・冬）が近いというサインと捉えても良いでしょう。

＊シャドー金利登場

〈1-15〉に出てくる「シャドー金利」とは、「政策金利（QE考慮）」のことで、主にゼロ金利政策時に、QEをいくら行っても、政策金利が０％未満にならない時に、政策金利がマイナス水準にも変動すると仮定した状態で、中央銀行が行う量的緩和政策（QE）などの効果も反映させた仮想政策金利のことです。シャドー金利を用いれば、実質的な金融政策の効果を把握することができます。

　なお、日本のシャドー金利の2019年9月までのデータは、ニュージーランド中銀のWEBで入手できます（2024年9月時点）。

第1章　景気と金利の関係

1-15　米国の長期・短期金利の推移

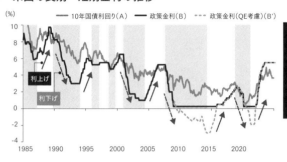

1-16　米国の長短金利差の推移

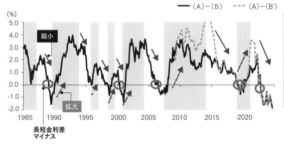

1-17　米国の景気サイクル（ISM製造業景況指数）

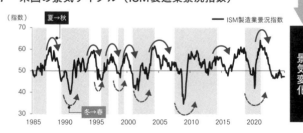

注）政策金利（QE考慮後）はアトランタ連銀算出のシャドーレート
出典：FRB、St Louis 連銀（FRED）、Atlanta 連銀より筆者作成

③ 切り離せない米国の影響

ⅰ 全ては米国から始まる
*世界の中心

　結論から言うと、景気サイクルは、米国から始まります。米国の影響を受けて、世界の景気にはタイムラグが生じます。

　米国は、〈1-18〉〈1-19〉のとおり、世界の中でGDP比率が高く、株式の時価総額は半分近くを占めており、米ドルが基軸通貨となっているのも、世界の先頭に米国がいるからです。

*米国景気とのタイムラグ

　世界には、米国や英国のような消費国と、日本、ドイツ、中国のような輸出国があり、消費国は、エネルギーや財（商品）の不足分を他国からの輸入に頼ります。

　現在、米国が最大の消費国、また貿易赤字国なので、米国の景気が良くなれば輸入は増え、輸出国の景気が良くなります。逆に、米国の景気が悪くなると、輸出国の景気が悪くなります。

　米国以外の国は、間違いなく米国の影響を受けていますが、米国との関係、通貨価値の違い、政策の違い等々、それぞれ事情が異なります。日本の景気サイクルを考えたいなら、まず先頭に立つ米国の景気を判断した上で、日本の事情をプラス（またはマイナス）しましょう。

第1章 景気と金利の関係

1-18　米国が世界の中心（イメージ）

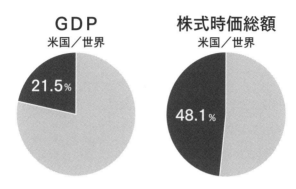

出所：IMF、ブルームバーグ
　　　GDPは2023年　株式時価総額は2024年6月時点

1-19　景気のタイムラグのイメージ

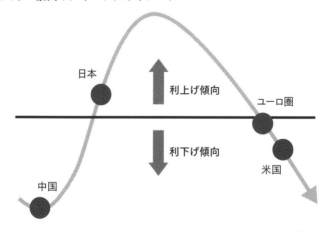

出所：筆者作成

ⅱ 米国の景気サイクルの特徴

　米国の金融政策サイクルにおける季節ごとの特徴（傾向）を1つの円にまとめてみました〈1-20〉。

　季節ごとに長短金利の動きに違いがあることは前述の通りですが、他の市場でも季節ごとに特徴があります。

　冬の局面では、金融緩和の影響を受けた米ドルが下落する一方で、景気回復を先取りする株式は底打ちます。

　春の局面では、景気回復が明確になり、商品市況などが上昇しインフレ懸念が生じます。

　夏、秋の局面は、それぞれ、冬と春の逆の動きとなります。

　世界各国の金融政策サイクルは、米国同様ですが、米国の影響により、季節にタイムラグが生じるほか、その国の事情により、景気や為替などの動きやその背景が米国とは異なってきます。

豆知識：基軸通貨

　基軸通貨とは、世界の貿易や金融の取引で中心的な地位を占める通貨のことです。通貨価値の安定性、通貨発行国の経済規模、金融市場の充実度、政治力、軍事力が総合的に判断され、安心して取引に使える通貨が自然と基軸通貨になります。以前は英ポンドで、現在は米ドルです

第1章　景気と金利の関係

1-20　米国景気の移り変わり

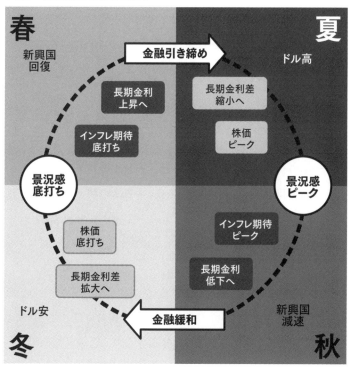

出典：筆者作成

iii 為替が日本に連れてくる米国の影響

＊米国の金融政策→米ドル円→日本の金融政策

　日本の場合、米国の金融政策が、為替（米ドル円）を通じて、日本の金融政策に影響を及ぼすのが特徴です。

　1980年以降の日米の金融政策と為替動向を見てみると、
〈1-21〉で上→中→下の順に

> **米国の利下げ → 米ドル安・円高 → 日本の利下げ**
> **米国の利上げ → 米ドル高・円安 → 日本の利上げ**
> 　　　　　　　　　　　　　　　（シャドー金利含む）

で動いていることが分かります。

　日本経済は為替の影響を大きく受けてきました。また、日銀の歴史は為替の値動きともにあると言っても過言ではなく、日本の景気・金融政策を考える際は、為替が運んでくる米国の影響を欠かしてはなりません。

第1章 景気と金利の関係

1-21 米国と日本の違い

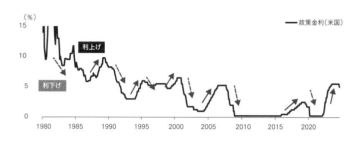

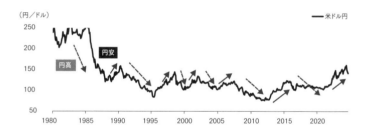

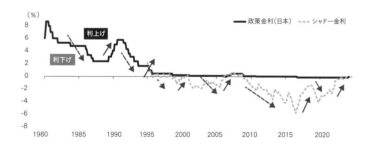

出典：ブルームバーグより筆者作成

* 円高期は、MB拡大で、実は景気回復期

よく「円高 = 輸出企業へのダメージから景気減速」と言われますが、円高には、もう1つの顔があります。米ドル安・円高が行き過ぎると、為替介入（米ドル買い円売り）を通じて円資金が市中に出回ることから、MBが拡大します。

その効果は、いわゆる金融緩和に相当し、米ドル安・円高局面ですが、実は景気は回復しているのです。

実際、〈1-22〉を見ると、

> **米ドル安・円高→米ドル買い円売り介入**
> **→MBの伸び率が概ね拡大→景気回復**

となっています。

ちなみに、円安局面での為替介入（米ドル売り円買い）は、金融引き締めに当たるので、景気は減速します。

> **米ドル高・円安→米ドル売り円買い介入**
> **→MBの伸び率が概ね縮小→景気減速**

しかし、2006年〜07年にかけ、米ドル安・円高傾向なのにMBの伸び率が急縮小しています。第2章でお話ししますが、金融政策サイクルの原則から外れ、利上げしたからです。

1-22　為替・MB・景気の関係

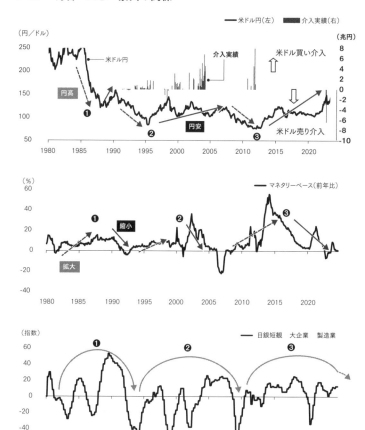

出典：ブルームバーグより筆者作成

④ 銀行が融資するか、それが信用サイクル

i 信用サイクルの4つの局面

　信用サイクルは、銀行の融資姿勢の変化で、リスクオン、レバレッジ、リスクオフ、財務緊縮の4つの局面に分けられます。

❶ リスクオン局面　「喜んで貸します」

　景気が上向きで企業のデフォルト率が低く、銀行にとって融資環境は良好。融資によって金利収入を高めたい銀行と、業績見通しが明るく、大型の設備投資を行うなど資金需要が高まる企業のニーズが一致し、最終的には銀行の貸し出し競争（企業の借り入れ競争）が始まる。これにより景気が上振れする時期。

❷ レバレッジ局面　「少し不安、でも貸します」

　銀行の融資姿勢に変化はないが、借入が増大した企業の信用力が低下し始める時期。銀行は、銀行ローン（企業への融資）を商品化した金融商品を転売することで、自身が負うべき融資先リスク（貸し倒れリスク）を逃れることも。

　例えば、CLO等の金融商品の残高が増加するのもレバレッジ局面の特徴。

❸ リスクオフ局面 「検討しましたが、残念です」

銀行の融資姿勢は完全に消極化。企業の業績悪化を招き、今までの反動から景気は大きく下振れする時期。

❹ 財務緊縮局面 「元気になったら、また」

企業が借入金を返済することで財務状況を見直し、信用力を回復することで、新たにリスクオン局面を迎える準備を整える時期。

1-23 信用サイクル（4つの局面）

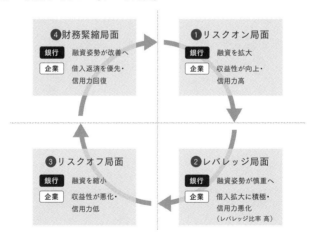

出所：筆者作成

ii 社債スプレッドで分かる信用リスク

社債スプレッドと株価の動きから、4つの局面が区別できます。

❶ リスクオン局面

企業は、借入により設備投資・生産拡大をし、収益の向上を図るために、レバレッジ比率を高める時期。これは積極投資と解され、株価は上昇し、社債スプレッドは縮小。

❷ レバレッジ局面

企業は、借入金で主に自社株を購入、M&A（企業買収）など、売上げの伸び悩み等による収益減を補うために、レバレッジ比率を高める時期。株価は一時的に急上昇するが、自社株買いは売上増に繋がらず、また、M&Aで総じて割高な株式を購入するなどで、企業の信用力が低下し始め、社債スプレッドは拡大。

❸ リスクオフ局面

企業のデフォルト率が高まり、株価が下落。企業の信用力が低下するため、銀行が貸し渋りを始め、資金調達コストが上昇することから社債スプレッドは拡大。

❹ 財務緊縮局面

　株価は下落傾向にある中、企業は借入を縮小し、財務状況の改善を図る時期。企業の信用力が回復し始め、社債スプレッドは縮小。

1-24　信用サイクル（銀行、企業、社債、株価の関係）

出所：筆者作成

iii 金融政策サイクル＋信用サイクル＝10年に1度の危機

＊融資の消極化が景気後退を呼ぶ

　信用サイクルでは、銀行の融資姿勢が消極化すると、企業が資金調達しにくくなり、景気悪化に繋がります。

　そして、〈1-10〉で気づいたように、信用サイクル（10年）の一番悪い時期に、金融政策サイクル（5年）の冬（景気後退局面）が重なると、世界を巻き込む危機が起こります。つまり、約10年に1度、S&L危機、ITバブル崩壊、世界金融危機、コロナショックが起きているのです。その時の株価の下落率〈1-25〉は、今までの収益を一瞬で吹き飛ばすほどの大きさになります。

　サイクルの合致時期には要注意です。

＊レバレッジ局面で気づけるか

　10年に1度の危機を避けるには、リスクオフ局面（株価下落）の到来を察知すればいいのですが、現実的には、まずレバレッジ局面に入ったことに気づくこと、そして、ポジション調整などで迫りくる株価下落にいかに備えるか、を考えるべきです。

　具体的には、社債スプレッドを追いかけます。

　〈1-26〉のとおり、社債スプレッドの拡大は、景気後退局面到来の前兆と思われるからです。

第1章 景気と金利の関係

1-25 米 S&P500 種指数 直近高値からの下落率（ドローダウン）

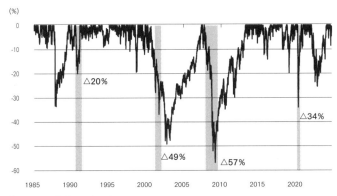

注）シャドーは景気後退局面（NBER）
出所：ブルームバーグより筆者作成

1-26 格付け毎 社債スプレッド推移

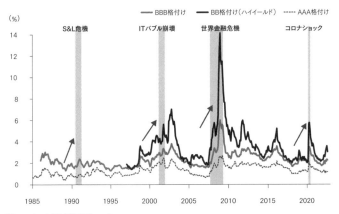

注）シャドーは景気後退局面（NBER）
出所：ブルームバーグより筆者作成

iv 景気後退のサインは、社債スプレッドの拡大

＊社債スプレッドが先行

2000年のITバブル崩壊、2007年の世界金融危機を例に、社債スプレッドと株価の推移を見てみると〈1-28〉〈1-29〉、まず、社債スプレッドが拡大し始め、その後、株価が下落します。

＊復習：株式・社債スプレッドの動き方

1-27

局面	株価	社債スプレッド
❶リスクオン	↑上昇	↓縮小
❷レバレッジ	↑上昇	↑拡大
❸リスクオフ	↓下落	↑拡大
❹財務緊縮	↓下落	↓縮小

＊株価の上昇＋社債スプレッドの拡大＝危険信号

株価が上昇する中、社債スプレッドが拡大を始めたら、❷レバレッジ局面に入ったかもしれません。そして、社債スプレッドが拡大する中、株価が下落し始めたら、❸リスクオフ局面です。

一般的に株価が上昇していると、景気は良いと思われがちですが、株価上昇時に、社債スプレッドが拡大し続けるようなら、それは、まもなく景気が後退する危険信号です。決して見逃していけません。

第1章 景気と金利の関係

1-28 社債スプレッドとS＆P株価の推移 （2000年）

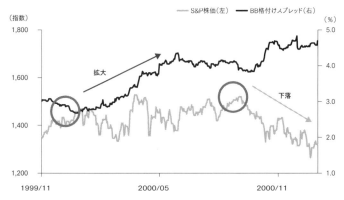

出所：ブルームバーグより筆者作成

1-29 社債スプレッドとS＆P株価の推移 （2007年）

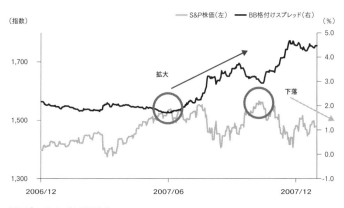

出所：ブルームバーグより筆者作成

豆知識：利回り曲線（イールドカーブ）

イールドカーブとも言い、同じ種類の債券について、満期までの利回りと期間（残存年数）の関係を示した曲線で、縦軸に利回り、横軸に期間を用いた折れ線グラフのことです。

利回り曲線の動きで、金利水準が全体的に上がっている時を「ベア」、下がっている時を「ブル」、さらに、曲線の傾きが大きくなること（長短金利差拡大）を「スティープニング」、小さくなること（長短金利差縮小）を「フラットニング」と表現します。

利回り曲線は、通常は右肩上がりとなり、これを「順イールド」と言うのに対し、利下げ前には、右肩下がりになり（長短金利差逆転）、これを「逆イールド」と言います。

1-30 利回り曲線の変化

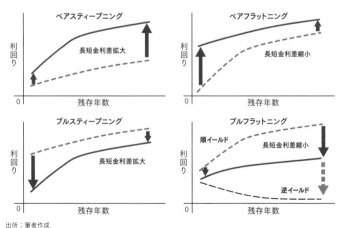

出所：筆者作成

第 2 章

日本の金融政策を振り返る
〜 今を知る一番の近道 〜

Looking back on Japan's monetary policy

1 歴史は繰り返されるのか

　2024年、日銀の利上げが発表されると、為替と株価が乱高下しました。この事態、前にも経験したような……振り返ると1980年代から何度も同じようなことが起こっています。

　今後を知りたいなら、この40数年を理解するのが一番の近道です。はたして、歴史は繰り返されるのか、日銀の紆余曲折を振り返ってみましょう。

　まず、1980年から2024年（現在）を、金融政策サイクル（四季）に基づき、〈2-1〉〈2-2〉のとおり、❶❷❸と大きく3期に分けてみました。

金融政策サイクルの四季の特徴は、以下の通りです。

冬：〈流れ〉
　　米国の利下げ → 米ドル安・円高
　　→ 米ドル買い円売り介入・日本の利下げ（QE含む）

春：〈流れ〉
　　日本のMB伸び率概ね拡大 → 日本の景気回復
　　〈特徴〉
　　長期金利上昇と国内外でのショック発生

夏：〈流れ〉
　　米国の利上げ → 米ドル高・円安
　　→ 米ドル売り円買い介入・日本の利上げ（QT含む）

秋：〈流れ〉
　　日本のMB伸び率概ね縮小 → 日本の景気減速
　　〈特徴〉
　　長期金利低下

2-1 ❶❷❸の分類

金融政策サイクル		冬	春	夏	秋
		金融緩和	長期金利 上昇	金融引き締め	長期金利 低下
		長短金利差 拡大		長短金利差 縮小	
				1979年4月	1980年4月
❶	a	1980年8月	-	1982年3月	
	b	1986年1月	1987年6月	1989年5月	1990年9月
❷	c	1991年7月	1994年1月	1994年6月	1994年9月
	c'	1995年3月	1995年7月	-	1996年4月
	d	1998年2月	1998年10月	2000年8月	2000年9月
	d'	2001年2月	2003年6月	2006年3月	2006年5月
❸	e	2008年9月〜2016年2月	2016年7月	2016年9月	2018年10月
	f	2018年10月	2019年8月	2019年10月	2019年12月
	f'	2020年3月	2020年5月	2024年3月	2024年7月？

出所：筆者作成

2-2　❶❷❸全体

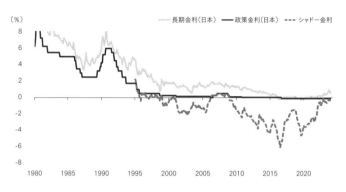

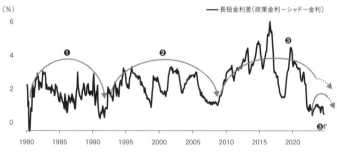

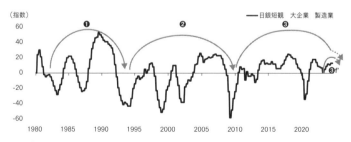

出所：ブルームバーグより筆者作成

2

❶円高が呼んだバブル
（1980年〜1990年）

① 米国：1980年代前半
　 ネックとなった「米ドル高」

　スタグフレーション（景気後退＋インフレ）に苦しみ、双子の赤字（財政赤字と貿易赤字）を抱えていた米国は、インフレ抑制を最優先し、1979年秋、高金利政策を採用しました。

　インフレは落ち着きますが、高金利が国民生活の重しとなり、不況は続いたため、1981年2月、レーガン大統領（当時）が、「レーガノミクス」と呼ばれた大規模な経済政策を打ち出し、1983年には、国内消費が拡大、景気は回復に向かいます。しかし、インフレ抑制を確実視させるため、景気回復時にも高金利政策を継続した結果、米ドル高が進行しました。

　国内企業の資金調達難、海外移転が続き、米ドル高での輸入コストの低下から輸入が増加するなど、技術面でも価格面でも他国との競争力を失い、貿易赤字は拡大しました。

　「米ドル高」が米国経済の成長を妨げたのです。

② 日本：1981年〜82年
「米ドル高・円安」の恩恵（❶a春）

　日本は、米国とは対照的に、米国の消費の回復や米ドル高・円安を背景に、国内産業は活性化し、日本が得意とする自動車や半導体などの基幹産業分野を中心に対米輸出が拡大しました。

　当時の米国は、国内製造業が不振で、国民の購入意欲（消費）が増すと、輸入に頼るしかなく、貿易相手国である日本の輸出が増えるという仕組みです。さらに、日本は、輸出量の増加に加え、「米ドル高・円安」という為替の面からも恩恵を受けました。

③ 日本：1982年
貿易摩擦で、短期金利高め誘導（❶a夏）

　1981年には、日本の経常収支は黒字に転換し、欧米諸国との経済摩擦が激しくなります。

　米国の不況の影響で日本の輸出が鈍化しても、米国の高金利政策から円安が進行しました。

　日銀は、1982年3月、米ドル高・円安進行を防ぐため、短期金利の高め誘導を始めますが、流れは変わりませんでした。

④ 米国:1985年　プラザ合意で「米ドル安」

　1985年9月22日、米、日、独、英、仏の先進国主要5カ国（G5）が、ニューヨークのプラザホテルに集まり、米ドル高が米国経済の実態と乖離していることを認めて、対外不均衡（米国の赤字、日本の黒字）を是正するため、米ドル安に向けての協調行動に合意しました。つまり、為替市場で協調介入（一斉に米ドル売り）を行い、米ドル安にすることを約束したのです。これが「プラザ合意」です。

　早速、米ドル売り・自国通貨買いの協調介入が行われました。1985年9月20日に1ドル240円だった為替は、プラザ合意から1年足らずの1986年9月には1ドル151円台（米ドル安・円高）に突入します。

⑤ 日本:1985年
　　許されなかった貿易一人勝ち（❶a秋）

　プラザ合意では、為替レートだけでなく、政策面でも協調することに合意しました。日本は、「円レートに配慮、内需拡大に努力」など、実質的には貿易摩擦の解消圧力がかけられました。輸出に頼れず、景気は減速します。

プラスα：経常収支に変化あり

　1980年代、1995年頃、2000年代の米ドル安・円高局面では、結局、製造業の空洞化が進み、海外への工場移転などで対外投資を積極化させました。

　日本の経常収支は黒字が続いていますが、その構造は大きく変化し、経常収支黒字の牽引役は、以前の貿易収支から、2005年以降は第一次所得収支（対外金融債権・債務から生じる利子・配当金などの収支）となりました〈2-3〉。貿易収支は、燃料高騰の影響のほうが大きく、今では赤字となり、また、サービス収支（IT企業への特許支払い、アマゾンなど）も恒常的に赤字です。

2-3　日本の経常収支の内訳

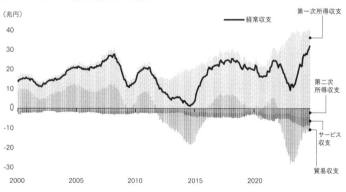

出所：ブルームバーグより筆者作成、12カ月移動合計

2-4　❶aの推移

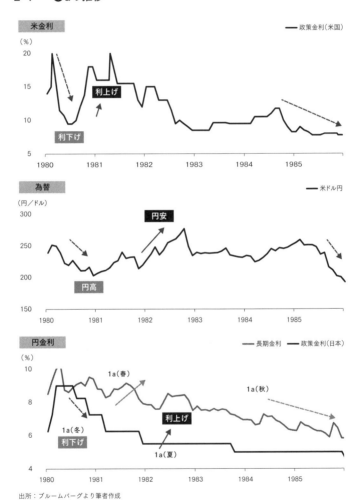

出所：ブルームバーグより筆者作成

2-5　❶aの推移

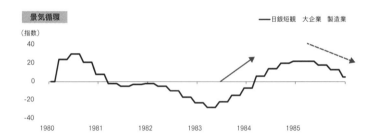

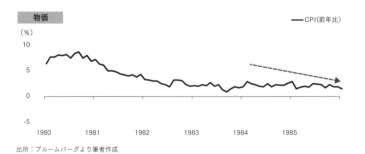

出所：ブルームバーグより筆者作成

⑥ 日本：1986年〜87年　円高不況に（❶b冬）

ⅰ 計5回もの利下げ

プラザ合意で、日本に円高不況が訪れました。日銀は、不況対策のため、1986年1月から1987年2月まで、計5回政策金利を引き下げました（5%→2.5%）。

同時に、日本経済は、今までの輸出主導型から、内需拡大、金融の自由化（規制緩和）と国際化、市場の開放という内需主導型へと大転換させられます。

ⅱ 商品を進化させた円高デメリット

円高で、日本の輸出産業（主に自動車、電機メーカー）は大打撃を受けますが、日本は技術面で底力を発揮し、世界が求める、他国には無い、品質で競争力のある商品を開発しました。

ウォークマン（ソニー）の軽量・小型化、海外版ファミコン（任天堂）の普及、写ルンです（富士フイルム）の発売など、どれもこの時期です。

ⅲ 低インフレという円高メリット

ただ、円高にもメリットがあります。輸入コストが低下し、インフレにならないことです。日本は不況でも、国民の購買力を押し上げる消費主導型での経済成長が見込まれました。

⑦ 米国:1987年2月　ルーブル合意で、米ドル買いへ

　プラザ合意後の急激な米ドル安が、世界的なリセッションに繋がるとの懸念が出始め、1987年2月、先進国主要7カ国（G7）により、米ドル安是正のため「ルーブル合意」が締結されました。

　今度は、大量の「米ドル買い・円売り」介入が実施されました。

⑧ 日本：1987年　バブル誕生（❶b春）

ⅰ 金（カネ）余りの日本

　円高不況打開の急激な利下げと、ルーブル合意での大量の円売りが行われた結果、MBが急拡大し（カネ余り現象）、市場にあふれた資金が株式市場や不動産市場に流れました。

ⅱ 天井知らずの株高、不動産高

　銀行が、不動産担保融資を積極化し、投資熱が高まりました。土地を担保に借金して、土地や株を買えば上がる、売れば儲かるというバラ色の時代が訪れ、1986年～87年にかけ、あらゆる資産価格が上昇します。

　投資というより投機に近い状態で、本来の価値とはかけ離れた価格で取引され続ける様相は、実体を伴わないまま泡が膨らむようなもので、これが「バブル」と言われる所以です。

⑨ 米国：1987年10月　ブラックマンデー

i グリーンスパンFRB議長就任で、引き締め開始

米国は、景気好調で、インフレ懸念が台頭します。

1987年8月にグリーンスパン氏がFRB議長に就任すると、インフレ抑制ため、同年9月、金融引き締めを始めました。

ii 1987年10月19日　ブラックマンデー（暗黒の月曜日）

しかし、1987年10月19日（月）、NYダウ（ダウ工業株30種平均）が508ドル安（▲22.6％）と暴落しました。当然ながら、世界の株式市場も下落し、翌日の日経平均株価は、3,836円安（▲14.9％）となりました。

暴落の原因はさまざまで、米国の双子の赤字、米ドル安、インフレ懸念などが重なったことに加え、技術の進化により導入されていた自動売買システム（特定の条件での株式の自動売却）が一斉に作動し、株価下落→自動売却の悪循環が起きたとも言われています。

米国が資金供給を行うことで、ブラックマンデーの混乱は落ち着きますが、先進国各国は、米国景気（米ドル）優先で政策を決めざるを得なくなりました。

第2章　日本の金融政策を振り返る　～今を知る一番の近道～

⑩ 日本：1988年～89年
　金融政策サイクルを逸脱（❶b夏）

i 金融政策サイクルを逸脱

　日本は、本来なら利上げを伺う時期であるにもかかわらず、長期間（1987年2月から1989年5月まで）、政策金利が2.5％と言う超低金利水準（当時）が維持されました。

ii バブル膨張

　ブラックマンデーは、日本に、低金利、円高、インフレの安定、過剰流動性（カネ余り）の維持・長期化を決定づけ、日経平均株価はすぐに回復し、株式・不動産投機熱が再燃します。

　「銀行の不動産融資拡大　→　地価の上昇　→　含み益の増加　→　株価の上昇　→　信用力の上昇」という値上がり必至の欠陥循環が創造されても、危機感皆無の超楽観的な雰囲気でした。

iii 日銀がバブル退治に目標変更

　1988年頃になると、地上げによる土地の奪い合いや高額過ぎて住宅を持てないなど、地価の高騰が社会的問題となり始めます。日銀の本来の目標（役割）である物価の安定は実現しており、利上げを急ぐ必要はありませんでしたが、1989年5月、日銀が、バブル退治（株価と地価高騰の沈静化）に目標を変更し、金融引き締め（利上げ）に転換します。

iv 計5回の利上げ

1989年は5月、10月、12月に3回利上げします。日経平均株価は1989年12月29日に38,915円の史上最高値をつけますが、年明けから徐々に上値を切り下げました(下落傾向)。

しかし、問題となっていた地価の高騰が続いたため、さらに2回、1990年3月に1.0%、8月に0.75%の大幅利上げを行ったのです。1989年5月に2.5%だった政策金利は、1990年8月には6.0%まで上昇しました。

⑪ 日本:1990年
　　遅すぎ&急激過ぎた利上げ(❶b秋)

i 金融政策サイクルを逸脱で、株価暴落

株価が下落傾向にある中での2回もの大幅利上げは、またも金融政策サイクルを逸脱しており、1990年10月、日経平均株価は一時2万円割れまで暴落しました。

地価は、次項で取り上げる「総量規制」の導入により、1991年から本格的に下落が始まります。

この5回もの利上げは、開始が遅れたこと、利上げ幅が大きすぎたことから、株価・地価の沈静化ではなく、暴落を招く結果となり、景気を悪化させました。

ii 金利は警告していた

　バブルの要因が、「行き過ぎた利下げ」による株価・地価の高騰なら、バブル崩壊の要因は、「遅すぎた利上げ」と総量規制によるバブル退治で、どちらも金融政策の失敗と言えるかもしれません。

　長期金利は、1990年8月の利上げ直後から低下し始め、長短金利差は急縮小しており、はっきりと景気後退のシグナルを送っていました〈2-6〉。

2-6　長短金利の動き

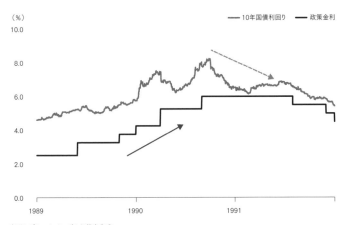

出所：ブルームバーグより筆者作成

2-7　❶bの推移

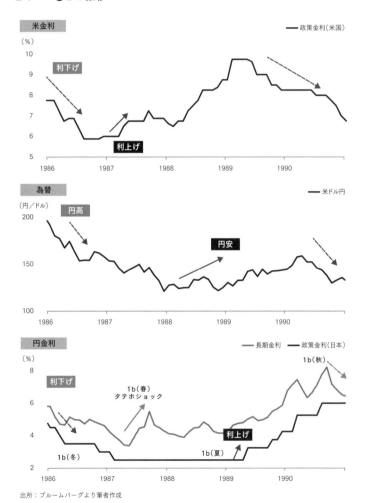

出所：ブルームバーグより筆者作成

第2章 日本の金融政策を振り返る ～今を知る一番の近道～

2-8 ❶bの推移

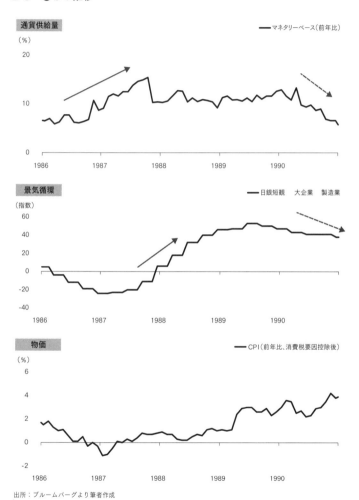

出所：ブルームバーグより筆者作成

3

❷何度もの危機で、ぶり返す冬(1991年～2007年)

①日本：1990年～97年　ぶり返す冬

ⅰ 1990年　バブル崩壊・信用サイクル悪化（❷ｃ冬）

　地価の高騰を抑えるため、1990年4月から土地取引に関して「総量規制」が導入され、不動産担保融資に制限がかけられました。土地の購入資金を制限 → 土地の買い手が減少 → 地価下落という単純な仕組み故に劇薬となりました。総量規制は1991年12月に解除されますが、投資熱には急ブレーキがかかりました。

　銀行は融資が焦げ付き（回収不能）→ 企業の信用力悪化 → 株価下落 → 信用収縮（金融収縮）に至り、信用サイクルはリスクオフ局面に深く突入し、バブルは崩壊しました。

ⅱ 1991年　「株安、円安、原油高」の逆風（❷ｃ冬）

　米国は、ブラックマンデー後の利下げで、景気が過熱し、1988年3月から金融引き締めに転じます。その後、1989年6月に天安門事件（中国）、1990年8月に湾岸戦争勃発（イラクがクウェートに侵攻）など世界的な情勢不安に、有事の米ドル買いが相まって、日本には、「株安、円安、原油高」の逆風が吹きます。

1991年4月、日本の米ドル売り円買い介入もあり、MBが縮小し、景気減速の流れとなり、日経平均株価は1992年8月に14,309円まで下落しました。

iii メキシコ通貨危機で、1995年　短期金利低め誘導（❷c'冬）

1994年12月、メキシコペソが事実上の切り下げを実施しました。メキシコ向け輸出の影響で、米国の経常収支の悪化が懸念され、米ドル資産が日本円やドイツマルク（当時）にシフトし、米国の利上げが頭打ちになったため、米ドル売りが加速しました。

日銀は、米ドル買い円売り介入のほか、1995年3月には、短期金利の低め誘導を行いますが、米ドル売りは止まらず、1995年4月19日、1ドル79.75円の歴史的な円高（当時）となりました。

iv 1997年　アジア通貨危機で、景気減速（❷c'秋）

1997年7月、タイ・バーツの急落が発端となり、アジア各国に自国通貨の大幅な下落および経済危機が広がり、米ドル高・円安局面に入りました。

日本は、米ドル売り円買い介入を行ったこともあり、MBが縮小し、またしても景気減速の流れです。バブル崩壊から浮上できず、1997年には、三洋証券、山一證券、北海道拓殖銀行が事実上破綻し、金融危機が訪れました。

2-9　❷c❷c'の推移

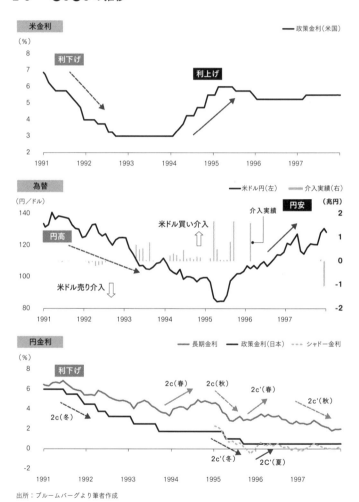

出所：ブルームバーグより筆者作成

第2章 日本の金融政策を振り返る 〜今を知る一番の近道〜

2-10 ❷c❷c'の推移

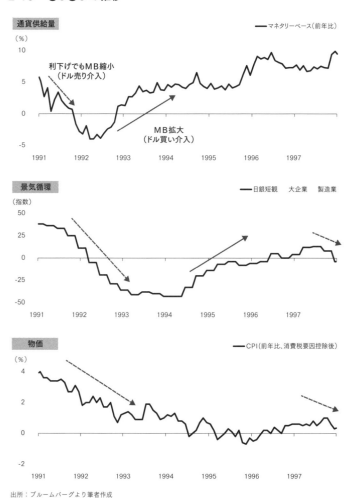

出所：ブルームバーグより筆者作成

② 日本：1998年〜2007年　正常化へ2度失敗

i 1998年　利下げへ（❷d冬）

この頃から、デフレスパイラルが始まります。

不景気 → 消費減退（買い手減少）→ 物価下落 → 企業業績悪化（解雇・減給）→ 信用力悪化 → 銀行の融資減退 → 不景気
の悪循環です。

日銀は、このデフレスパイラルを脱却するため、1998年9月から金融緩和（利下げ）を再開し、「デフレ懸念の払拭が展望できる情勢になるまで」ゼロ金利政策を継続するとしました。

ii 1999年　米ドル買い介入で、MB拡大（❷d春）

1998年9月、米大手ヘッジファンドのLTCM（ロングターム・キャピタル・マネジメント）が、途上国の投資失敗で破綻すると、米国は、その悪影響が米国金融市場に広がる前に、直ぐに利下げを開始しました。米ドル安・円高です。

日銀は、1999年1月から米ドル買い円売り介入を実施します。1999年末には、2000年問題に対応すべく、資金供給を行い（2000年に資金吸収）、一時MBは急拡大しました。

iii 2000年　金融政策正常化へ１度目のトライ（❷d夏）

＊春を確認

　2000年代は、日銀が、金融政策サイクルの正常化、ゼロ金利政策の脱却、利上げへの転換に挑んだ時代と言えるかもしれません。

　バブル崩壊から約10年、ゼロ金利政策の効果も出始め、日経平均株価は、2000年4月には2万円台まで回復し、CPIはまだ前年比0％を下回っていましたが、需給ギャップ（国の経済の総需要と供給力の差。マイナスは需要より供給が多く物余りでデフレ状態、逆にプラスは物価上昇のインフレ状態）は縮小傾向となっていました。

＊2000年8月　ゼロ金利政策解除→利上げへ

　日銀は、株価の回復と需給ギャップの縮小を理由に「デフレ懸念の払拭が展望できる情勢になった」と判断し、2000年8月ゼロ金利政策の解除を決定し、政策金利を0.25％としました。

＊植田審議委員、反対票投じる

　実は、現在の植田日銀総裁は、当時の審議委員の1人で、2000年8月のゼロ金利政策の解除には反対票を投じていました。植田審議委員は、「株価の底打ちは確認できず、需給ギャップは縮小傾向だけでなく、その水準が重要であり、まだデフレ懸念が残る、ゼロ金利政策解除は時期尚早だ」と発言していました。

iv ITバブル崩壊で、2001年　ゼロ金利政策ふたたび（❷d'冬）

　米国では、1998年ころからの「ITバブル（IT関連企業の株価の急騰）」が崩壊し、米国は、2001年1月から利下げを開始します。

　当然、ITバブル崩壊の余波は世界に広がりました。

　日銀は、2001年2月に利下げ、3月にQEを開始し、再びゼロ金利政策を復活させます。また、QEは、「コアCPIが前年比上昇率0％以上で推移するまで」継続するとしました。さらに、2001年〜2004年にかけ、米国の利下げでの米ドル安・円高に対し、米ドル買い円売り介入を行い、MBが拡大しました。

v 2006年　金融政策正常化に2度目のトライ（❷d'夏〜秋）

* 2006年3月　QE終了（❷d'夏）

　2006年3月、日銀は、コアCPIが目標に達したため、まず量的緩和を終了します。

* 2006〜07年　MBの伸び率が急縮小（❷d'秋）

　その後、「経済・物価情勢の変化に応じて緩やかなペースで利上げする」として、2006年7月に利上げを開始し、2007年2月に追加利上げを行いました。

　米ドル安・円高傾向にも関わらず、為替介入による実質的な金融緩和を行わなかったばかりか、2006年から金融引き締めを行うことで、回復しかけていた景気を減速させる結果となりました。

vi 金利も警告していた

2000年、2006年のゼロ金利政策解除決定は、金融政策の正常化を目指すには基盤が緩く、外的要因も重なり、いずれも失敗に終わります。図らずも、反対票を投じていた植田審議委員の見解がいかに重要だったか、気づかされる結果となりました。

そして、実は、金利も警告していたのです。いずれも、ゼロ金利政策解除後、長期金利が低下し始めて長短金利差が縮小し、景気後退（秋）のサインを送っていました〈2-11〉。

2-11　長短金利の動き（左図：2000年、右図：2006年）

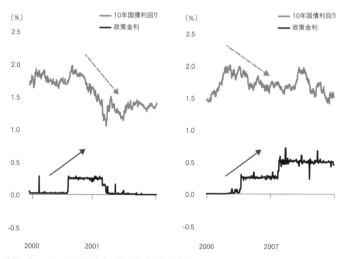

出所：ブルームバーグより筆者作成、政策金利は無担保翌日物金利

2-12　❷d❷d'の推移

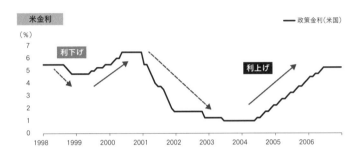

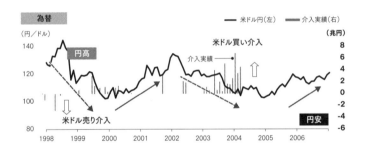

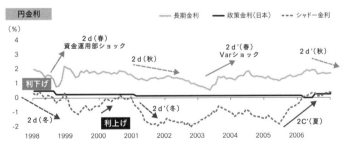

出所：ブルームバーグより筆者作成

2-13 ❷d❷d'の推移

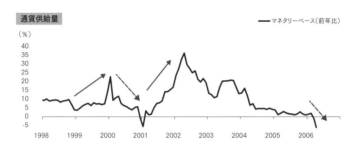

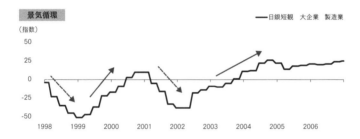

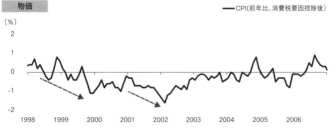

出所：ブルームバーグより筆者作成

プラスα：長期金利が上昇する春、ショック到来

　ショックや破綻は、実は、春の長期金利上昇の時に始まっているのです。春への対応が遅れてしまうと大変な事になるということです。

ⅰ タテホ・ショック（❶b春）

　1987年9月、財テク企業で有名だったタテホ化学工業が、国債先物取引に失敗し、巨額損失を被ったと報じられ、国債価格が暴落（金利は暴騰）しました。

ⅱ 資金運用部ショック（❷d春）

　1998年11月、政府が同年度の第三次補正予算の財源となる新規発行の国債約12.5兆円のうち、10兆円以上を市中消化する方針だと発表があり、長期金利は1％台になりました。

　同年12月には、翌年度の国債発行額が過去最高額になるとの報道に加え、大蔵省（当時）の資金運用部が、財政投融資計画の余資運用の一環で行っていた国債買い入れオペの停止を発表すると、さらなる需給悪化懸念から、日本の債券価格が暴落（金利が暴騰）、12月末には長期金利は2％まで上昇しました。

iii VaRショック(❷d'春)

　VaRとは「Value at Risk」の略で、統計的手法を使って、リスク量を算出する指標のことです。多くの金融機関がVaRでリスク管理し、債券においては、金利が急上昇したら、含み損拡大防止で強制的に売却する仕組みが用いられています。

　2003年6月、景況感による金利上昇でVaRが発動し、売りが売りを呼び、国債価格が暴落(金利が暴騰)しました。

iv 米国地方銀行相次ぎ破綻(第4章参照)

　米国では、2023年3月にシリコンバレーバンク(SVB)とシグネチャーバンクが、5月にはファースト・リパブリック・バンクが破綻しました。相次ぐ破綻の原因は、春の長期金利上昇での評価損が、預金流出で実現損となったことでした。

v カリフォルニア州オレンジ郡破綻

　1994年12月、郡が運営する投資ファンドがデリバティブ取引で巨額の損失を出し破綻しました。投資スキームが複雑で、長期金利上昇(春)に対応できず、1994〜95年にかけてのFFレート上昇(7回の利上げ)で八方ふさがりになりました。

4 ❸もう失敗できない日銀
（2008年〜2024年）

① 米国：2008年
「リーマンショック」勃発　米ドル安へ

　2008年9月、サブプライムローン（低所得者層向けの住宅ローン）の不良債権化で、大手証券会社リーマン・ブラザーズが経営破綻しました。世界金融危機（リーマンショック）です。

　米国は、2008年10月に2％だった政策金利を、12月には過去最低となる0.25％まで利下げしました。米ドル安が進行します。

2-14　政策金利（米国）と米ドル円の動き

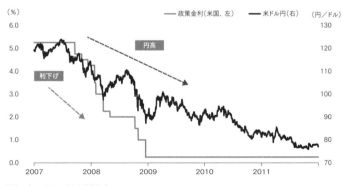

出所：ブルームバーグより筆者作成

② 日本：2008年～13年　日米の危機（❸e冬）

i 2008年　利下げ開始

リーマンショックを受けて、日銀も、2008年9月から翌日物金利の低め誘導を開始し、再びゼロ金利政策を復活させました。

ii 2011年　東日本大震災で、超円高へ

米国の大幅利下げで米ドル安となる中、2011年3月、東日本大震災が起こると、未曾有の不安から海外資産売却の噂や投機筋の仕掛けなどで、米ドル売り円買いが加速しました。2011年後半には1ドル76円台まで米ドル安・円高が進行しました。

③ 日本：2013年～16年
　　異次元緩和を宣言（❸e冬～春）

i 2013年1月　インフレ目標の導入（❸e冬）

もう失敗は許されない日銀は、景気回復のため、将来の副作用には目をつぶり、ありとあらゆる緩和策を連発します。

2013年1月、日銀は、「物価安定の目標を消費者物価の前年比上昇率で2％とし、金融緩和を推進する」として、インフレターゲットを導入しました。「インフレ率が安定的に2％になるまで、金融引き締め（利上げ）は行わない」と明言したのです。

ii 2013年3月　異次元緩和開始（❸e冬）

　2013年3月に黒田東彦氏が日銀総裁に就任し、早速、同年4月、「量的・質的金融緩和」と称する大規模な金融緩和策を打ち出しました。「異次元緩和」とも「黒田バズーカ」とも呼ばれます。

＊量的緩和開始

> **異次元緩和の具体的内容は、「2％、2年、2倍」**
> ・2年以内（短期間）で、物価上昇率を2％に上げる
> ・2年間で、マネタリーベースと長期国債の保有額を
> 　2倍に拡大する＝「量的緩和」

「資金供給・目標を数値化 → 物価上昇を予期 → 国民の消費意欲を増す → 物価上昇 → 景気回復の足掛かり」を狙いましたが、反応は鈍く、期間2年の定めはフェードアウトしていきます。

＊質的緩和開始

> **日銀は、追加緩和策として、大量の長期国債購入に加えて、**
> **ETF（上場投資信託）の買い増しを実施し、**
> **買い入れ対象資産の多様化を図る「質的緩和」を開始**

　それでも、物価上昇には至らず、長期国債の市場流通量を減らしてしまい、日銀自体の長期国債購入継続が難しくなるほか、長期金利の低下で、金融機関の収益が悪化しました。

iii 2016年1月　マイナス金利の導入（❸e冬）

　2016年1月、日銀は「マイナス金利付き量的・質的金融緩和」政策の導入を決定しました。

　日銀が民間の金融機関から預かる当座預金の一部に▲0.1％のマイナス金利を適用する、つまり、今後日銀に預金する際には、金利を払うことになりました。

　一部の金融機関に、日銀への預金をやめ、企業への貸し出しや投資を行うよう促し、経済を活性化させるのが狙いでしたが、不況の中、貸し出しではなく、安全資産である国債の購入にシフトしました。

　主に10年国債利回りが低下し、2016年2月9日には▲0.025％とマイナス金利を付けると、徐々に購入年限を伸ばし、30年（超長期）国債利回りも低下し、短期から30年にかけて、イールドカーブはフラット化しました。

　すると、マイナス金利導入の副作用で、長期及び超長期国債で運用をしている生命保険会社（生保）や年金基金の運用がさらに難しくなり、預金金利との利ざやで稼ぐ銀行の収益が圧迫され始め、2％のインフレターゲット実現のため、今度は、銀行などの収益改善策が必要となりました。

iv 2016年9月　YCCの導入、実は金融引き締め（❸e夏）

　2016年9月、日銀は、イールドカーブ・コントロール（YCC）を導入し、10年国債利回りを0％程度で推移させ、金利が上昇した場合は10年国債の買い入れを行うと発表しました。

　この時期、10年国債利回りはマイナス金利となっていたため、このYCCは、金利を上昇させるのが目的でした。その結果、日銀は、国債を量的緩和（2013年4月）で毎月購入していましたが、プラス金利になるまで購入する必要がなくなり、日銀の国債保有額は減少に転じます。同時に、ＭＢも縮小し始めました。

YCC導入は、実質的には金融引き締め（夏）となりました。

　ただ、YCCで、短期金利はマイナス、10年国債利回りは０％程度、そして、30年国債はYCCの対象外となって、利回りが上昇したため（イールドカーブのスティープ化）、利ざやが生まれ、銀行、生保、年金基金の収益は多少なりとも回復しました。

　しかし、YCCは故意に行う金利操作であり、当然デメリットが併存します。日銀のバランスシートの悪化、人工的な低金利継続によるインフレリスクなど、将来、金融市場に歪みを生む可能性があることを覚えておきましょう。

④ 日本：2018年
　　フォワードガイダンス導入（❸e秋）

　2018年7月、日銀は、金融緩和策の長期化を見据え、政策金利のフォワードガイダンスを導入し、当面は、「超低金利政策の維持を想定している」と表明しました。

　長期金利は一旦低下したものの、同日夕方の総裁定例記者会見における「長期金利の変動幅については、YCC導入後の金利変動幅、概ね±0.1％の幅から、上下その倍（±0.2％）程度に変動しうることを念頭に置いている」旨の発言を受けて、再び金利が急速に上昇しました。

　2018年頃の日本経済は、2012年12月に始まった景気拡張期間が2018年末には73ヵ月に達することで、戦後最長の"いざなみ景気"に並んだことが話題になりましたが、日銀短観に見られる景況感は徐々に悪化し始めました。

　実際、実質GDPの推移をみると、2018年1-3月期に前期比年率▲1.3％、4-6月期同＋2.8％、7-9月期同▲2.5％とマイナス成長が目立ち始めます。西日本豪雨などの自然災害や米中通商摩擦など海外経済要因が重しになりました。

　そして、長期金利も2018年10月から静かに低下し始めました。

2-15 ❸eの推移

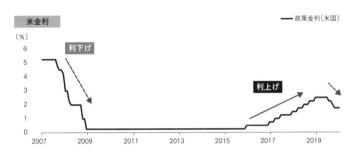

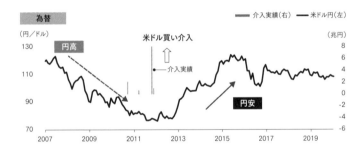

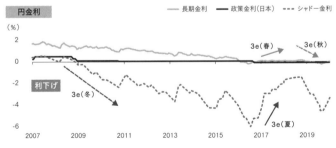

出所:ブルームバーグより筆者作成

第２章　日本の金融政策を振り返る　～今を知る一番の近道～

2-16　❸eの推移

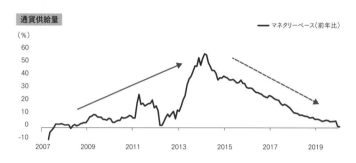

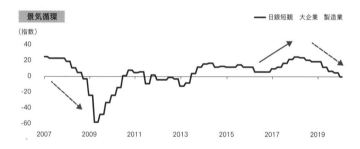

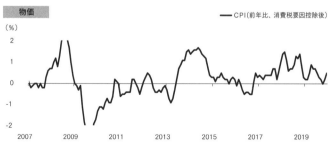

出所：ブルームバーグより筆者作成

豆知識：YCC（イールドカーブコントロール）

　YCCとは、長短金利操作とも呼ばれ、中央銀行が、長期金利と短期金利の適正水準を示し、特定年限の国債を買い入れ、その利回りを一定水準に保つことで、イールドカーブをコントロールする金融政策の1つです。金利上昇を抑える場合は、金融緩和策として用いられ、銀行は融資しやすく、企業や個人は資金調達（借金）しやすい環境を作り出すことで景気回復を促す効果があります。金利低下を抑える場合は、金融引き締めとなります。

豆知識：インカムゲインとキャピタルゲイン

　インカムゲインとは、資産を保有していることで継続的に得られる利益で、例えば、預金利息、株の配当、不動産を活用した賃料などです。
　キャピタルゲインとは、保有資産を売却することで得られる売買差益で、例えば、土地や株、債券などの売買による値上がり益です。

⑤ 日本：2018年〜19年
　　金融政策正常化へ動き出す（❸f）

ⅰ 2018年10月　シャドー金利低下（❸f 冬）

　この頃は米国経済にも減速の兆しが見え始め、米長期金利は低下し、為替市場でも米ドル安円高が進みました。

　円高を受けたインフレ低下と景気悪化懸念から日本の長期金利も再びマイナス圏まで低下し、実質的な金融緩和が進み、シャドー金利も大きく低下しました。

　日銀は、2019年4月の会合で、少なくとも2020年春頃まで、現在の低金利を継続するフォワードガイダンスの明確化を行いました。

ⅱ 2019年10月　国債買入額を縮小（❸f 夏）

　日銀は、2019年10月の国債買入額の上限・下限とも減額すると公表しました。購入（オペ）回数を減らすことも、25年超の国債については購入しないこともあり得ると示唆しました。

　イールドカーブの正常化に向けて動き始めました。

ⅲ 2019年12月　COVID-19を確認（❸f 秋）

　しかし、2019年12月に中国でCOVID-19が確認され、正常化への動きが一時中断します。

⑥ 日本：2020年～24年現在
　　コロナショックから急回復、正常化へ（❸f'）

ⅰ 2020年　金融緩和を強化（❸f'冬）

＊2020年　コロナショックで、長期金利上昇懸念

　2020年に入るとCOVID-19がパンデミックと認定され、世界で「コロナショック」となりました。

　2020年4月20日、日本政府は、緊急経済対策の事業規模を117兆円とする方針を固めました。ただ、この経済対策の財源の一部は、赤字国債発行によって賄われるため、長期金利の上昇懸念が生じました。

＊2020年4月　国債買い入れ額の上限撤廃

　2020年4月27日、すぐさま、日銀は、追加の金融緩和策の1つとして、「10年国債の買い入れ額の上限（年間80兆円程度）を撤廃」することを決定します。日銀が10年国債を「無制限」に購入すると表明し、市場の金利上昇懸念を一掃しました。

　そのほか、COVID-19対応金融支援特別オペレーションや企業支援策などを発表し、政府の緊急経済対策と日銀の金融政策のタイアップが始まりました。

ii 2020年5月〜21年　MB急拡大（❸f'春）

COVID-19禍で経済は停滞しますが、日銀の国債買い入れ強化、多額の支援金支給などの金融緩和策で、MBが急拡大し、金融政策サイクル上は春です。

YCCの10年国債利回りの変動幅は、2021年3月には±0.25%、2022年12月には±0.5%と修正されると、それぞれ上限に向け、長期金利は上昇しました。

政府と日銀の強力なタイアップとCOVID-19の収束（2023年5月5類感染症に移行）で、経済の回復力は急速に高まります。

iii 2024年　金融政策正常化へ本格始動（❸f'夏）

＊2023年4月　植田日銀総裁誕生

異次元緩和を行った黒田総裁が任期満了となり、2023年4月、植田和男氏が新総裁に就任しました。

とうとう、日銀が金融政策正常化へ動き出しました。

＊2024年7月31日　利上げ決定

＊2024年8月5日　日経平均株価暴落、為替乱高下

続きは、次章「日本の金利が動き始めた！」でお話しします。

2-17　❸f ❸f'の推移

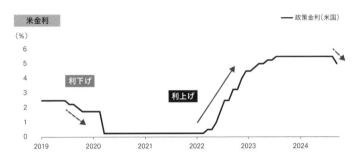

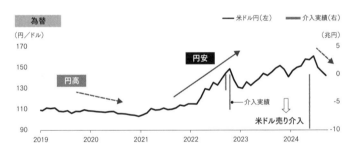

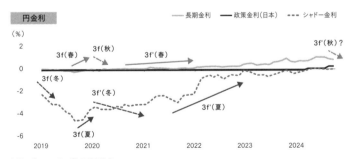

出所：ブルームバーグより筆者作成

2-18 ❸f❸f'の推移

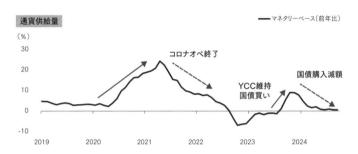

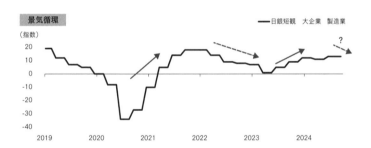

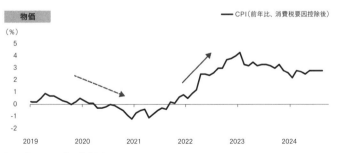

出所：ブルームバーグより筆者作成

豆知識：「バブル」

　この「バブル」とは、「バブル景気」「バブル経済」の略ですが、おおむね1986年12月から1991年2月まで（4年3か月間）の日本の景気の通称です。直訳すると「泡」、つまり「大きく膨れ上がり、いつか弾けてなくなるもの」という意味です。「バブル景気」とは、景気が異常に良くなること、「バブル経済」とは、株価や不動産価格など様々な資産価値が異常に上がり続けること、「バブル崩壊」と聞けば、景気が一気に悪くなること、資産価値が急低下すること、とイメージできるのではないでしょうか。

第 3 章

日本の金利が動き始めた！

Japanese interest rates
have started to move

1 季節は春から夏へ、動き始めた日本の金利

① 2023年4月、日銀、新体制発足

　世界に目を向けると、COVID-19の収束に伴うインフレ抑制で、2022年9月、ECBとスイス中央銀行が利上げし、政策金利にマイナス金利を採用しているのは、日本のみとなっていました〈3-1〉。

　その日本でも、2023年、とうとうインフレ率がターゲットに到達、株高、円安で、金融政策サイクルにおいては春から夏に向かい始め、まずは金融緩和政策の解除がささやかれ始めました。

　そして、日銀では、2023年4月、異次元緩和を行った黒田総裁が任期満了となり、植田和男氏が新総裁に就任しました。

　冷静な分析で2000年8月のゼロ金利政策解除に反対票を投じた、あの植田審議委員（当時）です。

　植田総裁なら、理論とデータに基づいた議論や判断ができ、株価上昇と景気回復の芽を摘まない慎重な出口戦略（金融緩和政策解除）を模索するものと大いに期待されます。

第3章 日本の金利が動き始めた！

3-1　主要政策金利の推移

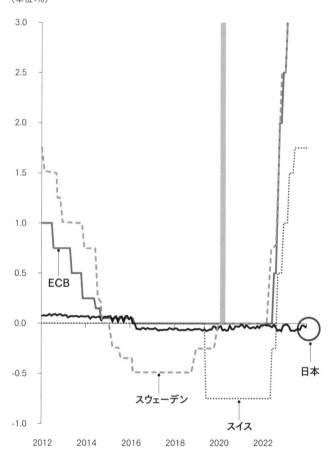

（単位：%）

注：シャドーは景気後退局面（NBER）、日本は無担コール翌日物金利
出所：ブルームバーグより筆者作成、データ期間　2012年〜2022年

② 2023年7月、YCCを修正

　植田総裁が、金融緩和政策の解除(金融政策の正常化)に向け、さっそく動き出しました。

　2023年7月の金融政策決定会合で、

> **10年国債の指値オペの利回りを、**
> **0.5%から「1.0%」に引き上げる**

と決めました〈3-2〉。YCCは、導入当初は金融引き締めとなりましたが、景気回復に伴う金利上昇圧力に対し、長期金利を0.5%に抑えるべく、日銀は国債を購入し、結果的に、金融緩和(資金供給)をしていました。しかし、長期金利の上昇が1.0%までなら国債を購入しません、と宣言したのです。

　並行して、7月の展望レポート(年4回日銀が発表する経済・物価情勢の見通し)では、2023年度のコアCPI上昇率見通しを+2.5%(前回+1.8%)に上方修正した一方で、2024年度は+1.9%に下方修正し、目標のインフレ率2%には達しないことを確認しました。さらに、日銀は、

> **物価上昇率が2%で持続的・安定的に推移するまで、**
> **長短金利操作付き量的・質的金融緩和を継続する**

として、今回のYCC修正は、金融政策を柔軟に行うための初手に過ぎないと、植田総裁らしい慎重な姿勢も見られました。

10年国債利回りは水準を上げたものの、金利上昇に対する大きな混乱はなく、イールドカーブの歪みがある程度修正されました。

日銀は、次なる一手を踏み出しやすくなったはずです。

3-2　YCC修正

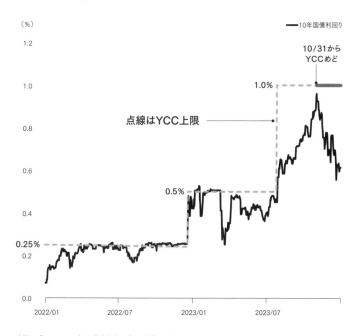

出所：ブルームバーグより筆者作成、データ期間2022年〜2023年

③ 無風だった2024年3月会合

　2024年3月の金融政策決定会合で、日銀は、2013年から始めた異次元緩和策の撤廃・終了を決定しました。

- マイナス金利（▲0.1％）を解除
  政策金利を0～0.1％程度に誘導することになり、2007年2月以来17年ぶりの利上げ
- YCCの撤廃
  10年国債の月額6兆円程度の買い入れは継続（金利の急上昇を回避）するも、長期金利（10年国債利回り）の上限（+1.0％）は撤廃
- ETF・REITの新規買い入れ終了

　日銀は、賃金と物価の両面から物価上昇率2％が、持続的・安定的となる見通しはたったが、「実現したわけではない」ので、当面は緩和的な金融環境を維持するとし、利上げを急ぐ様子はありませんでした。

　これだけの大幅変更にも拘わらず、発表当日の金融市場は、ほぼ無風でした。市場参加者からは、2023年7月に続き、混乱を伴わずして金融政策を修正した植田総裁の手腕に、賞賛の声が上がったほどです。

ちなみに、豪州中銀は、2021年11月にYCCを撤廃しました。

豪州は、当時の3年国債利回りを、OCR（豪州の政策金利）と同水準の0.1%に抑えていましたが、プレアナウンスが未熟だったため、YCC撤廃の発表後、3年国債利回りは数日で0.8%近くまで急騰し〈3-3〉、金融政策変更に行き詰まりました。

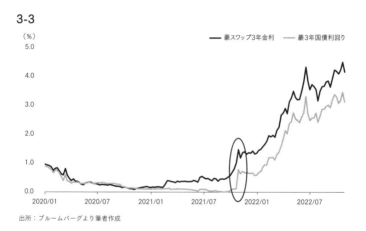

3-3

出所：ブルームバーグより筆者作成

振り返ってみると、日本では、2023年12月の第一回「金融政策の多角的レビュー」ワークショップ（日銀の勉強会のようなもの）開催時から、日銀が金融政策の修正を議論し始めていることが一般に開示されており、徐々に、この金融緩和策の終了を市場が織り込むよう動いていたと思われます。

④ 2024年4月会合　円安が加速

　2024年4月は、金融政策に変更はありませんでしたが、米国で利下げが先送りされるとの見方が広がって、一段と米ドル高・円安が進行する中、大きく注目されたのは、展望レポートの内容と植田総裁の記者会見での発言でした。

　4月の展望レポートでは、

> **当面、緩和的な金融環境が継続すると考えている**

と追加利上げは急がないと言う趣旨の記載がなされ、会合後の記者会見では、植田総裁が、

> **円安は物価上昇に大きな影響を与えていない**

と発言したのです。

　植田総裁は、金融政策は直接的に為替レートを動かすものではないと日銀の中立的立場を説明した上で、日銀が円安をどうこうするよりも、継続的・安定的な物価上昇を重視していく方針を打ち出したかったようです。

　しかし、市場参加者は、「日銀が円安容認」と受け取り、1ドル157円台まで米ドル高・円安が加速しました。

プラスα：なぜ円安なのか？　実質金利から説明

i　名目金利と実質金利

名目金利は、物価変動を勘案していない金利のことで、預金金利、債券の利率など、単に金利と言われて思う浮かぶ金利です。

実質金利は、金利を物価上昇率との関係から見たもので、名目金利から物価変動の影響を差し引いた金利を指します。

実質金利＝名目金利－インフレ率

実質金利がマイナスの場合（インフレ率〉名目金利）、銀行預金の利息よりも、モノの値段の方が上昇するので、現金をモノに変える消費や投資が活発化します。

一般的に、国の実質金利を算出する際は、名目金利を政策金利とするため、実質金利は、その国のお金の価値を表します。

3-4　主要国の実質金利

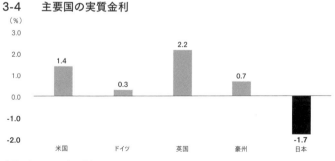

出所：ブルームバーグより筆者作成、2024年6月時点

ⅱ 実質金利の差

お金は、環境の違いに敏感です。

実質金利は、〈3-4〉のとおり、2024年6月時点で、主要国では日本だけがマイナスです。日本では、実質的な現金の価値が低下するため、資金は実質金利がプラスの海外へ流れます。円安です。

実際、米国と日本の実質金利差(米国の実質金利 − 日本の実質金利)は、米ドル円に連動しています〈3-5〉。

特に、ここ数年の円安は、世界的にインフレが問題となる中、

> **米国:インフレの上昇以上に金利が上昇 → 実質金利上昇**
> **日本:インフレの上昇に金利が追いつかない → 実質金利低下**

と、米国と日本で実質金利の動きが逆であるため、米国は通貨高(米ドル高)に、日本は通貨安(円安)に大きく傾きました。

3-5

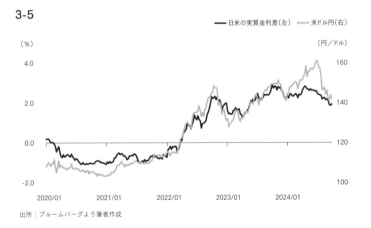

出所:ブルームバーグより筆者作成

iii 円安をやめるか、金利上昇か

実質金利の低下は、日銀のYCC政策にも原因がありました。「円安 → 物価高・普通なら金利上昇 → YCC政策で金利安定（上昇抑制）→ 実質金利低下 → 円安」の無限ループが発生したからです〈3-6〉。

YCCは2024年3月に解除されましたが、まだ、日銀による国債買い入れ（指値オペ）もあります。将来、長期金利が急上昇する場面で、指値オペが行われると、円安への無限ループが復活します。もちろん、景気回復のため、長期金利の安定を優先させることは重要で、そのための円安は仕方ありませんが、日銀は、金利上昇を容認するのか、円安を容認するのか、いずれ選択を迫られることになるでしょう。

3-6

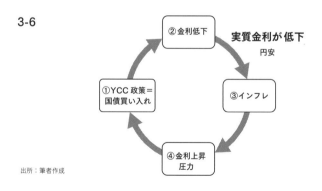

出所：筆者作成

2 夏の気配感じるも、早くも秋か？

① 2024年7月会合　変わり始めた日銀のスタンス

　2024年7月の金融政策決定会合で、日銀は、追加利上げと量的引き締めを同時決定しました。

- ・追加利上げを決定
　政策金利を0.1%→0.25%へ引き上げ
- ・長期国債買い入れの減額計画を発表（量的引き締め）
　毎月の買い入れ額を四半期ごとに4,000億円程度減額し、最終的には2026年1～3月に3兆円程度とする予定

　また、日銀は、7月の展望レポートから「当面、緩和的な金融環境が継続すると考えている」の文言を削除し、声明文で、

- ・輸入物価の上昇により物価の上振れリスクに注意を要する
- ・展望レポート通りに見通しが実現すれば、追加利上げを行う

として、4月の発言から一転、為替動向が物価に及ぼす影響を注視する姿勢を見せ、追加利上げもあり得ると言い切りました。

ただ、日銀は、7月の展望レポートで、2024年度の成長率見通しを+0.6%に下方修正しています〈3-7〉。その理由を、前年度の統計改定の影響等からだとしていますが、この見通しの実現で、追加利上げに踏み切れるのか、市場参加者は、日銀の景気に対する強気な見方に違和感を覚えたはずです。

 これまで、慎重に出口戦略を進めてきたはずの植田総裁のスタンスが変わり始めました。

3-7　政策委員見通しの中央値
（対前年比、％、カッコ内は4月からの変化）

	2024年度	2025年度	2026年度
実質ＧＤＰ	0.6(▲0.2)	1.0(－)	1.0(－)
消費者物価 （除く生鮮食品）	2.5(▲0.3)	2.1(+0.2)	1.9(－)
（参考） 除く生鮮食品 ・エネルギー	1.9(－)	1.9(－)	2.1(－)

出所：日銀

② 2024年8月5日、株価大暴落

2024年8月5日（月）、日経平均株価は、前週末比▲4,451円と過去最大の下落となりました。

下落の理由は、海外投資家の株式売却、米国の景気減速への懸念（利下げ観測）、円キャリー取引（低金利の円を借りて資産運用する手法）の巻き戻しなどさまざまで、ロスカットも含めたポジション調整の売りが売りを呼ぶ展開となりました。

為替は、7月上旬の1ドル150円台から一気に141円台まで米ドル安・円高になりました。

さすがに日銀は焦りました。

2024年8月7日、内田日銀副総裁は、金融政策について

- これまでよりも慎重に考えるべき要素が生じている
- 金融市場が不安定な状況で、利上げすることはない

と述べ、慎重に利上げ時期を見極める姿勢を貫きました。

日銀が想定していただろう年内の追加利上げは難しくなったかもしれません。

3-8

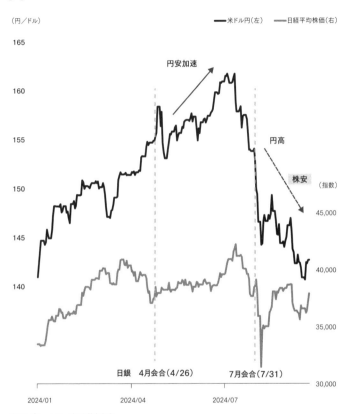

出所：ブルームバーグより筆者作成

③ 利上げ後に景気後退の過去

i 利上げ後に景気後退

2024年1-3月の経済成長率（実質GDP前期比）が▲0.5％（1次速報）と、足元の景気は良くない状況にもかかわらず、日銀は、2024年3月に利上げ（マイナス金利政策解除）しました。

1980年代以降で、経済成長率（実質GDP前期比）が前期比マイナス成長になった四半期に日銀が利上げに動いた事例は、今回を除き3回ありますが、いずれも利上げ後に景気後退を迎えています。

世界の景気循環を考えると、理由は明快です。

ii 米→欧→日のタイムラグ

景気にはタイムラグがあり、米国 → 欧州 → 日本 の順番で景気が移り変わります。言い換えると、まず、米国・欧州で利上げが行われ、欧米の景気減速の影響が日本に及ぶ頃に、日本の利上げが始まります〈3-9〉。

日本経済は、足元の景気がよほど良くなければ、欧米からの悪影響を避けられず、自国の利上げで自国の景気にとどめを刺す格好となり、景気後退を迎えてしまうのです。

2024年8月5日の株価暴落の一因は、米国の景気減速懸念と日本の利上げです。偶然の一致とは思えません。

第３章　日本の金利が動き始めた！

3-9　主要政策金利の推移

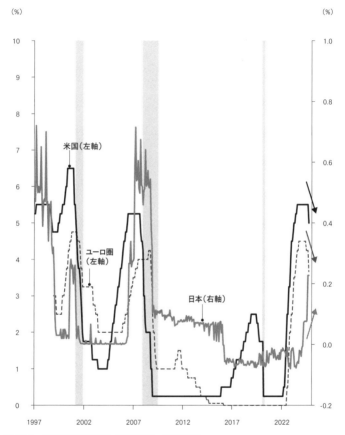

注：シャドーは景気後退局面（NBER）、日本は無担コール翌日物金利
出所：ブルームバーグより筆者作成

④ 短い夏、早くも秋か？

ⅰ 長期金利低下で秋の気配か

　金利は、すでに2024年7月の利上げに向けて動いていました。

　2020年頃から長期金利（10年国債利回り）が、より短い金利（2年国債利回り、以下、2年金利）に先行して上昇し、長短金利差は拡大し続けていました。金融政策サイクルでの「春」です。

　2024年に入ると、2年金利の上昇が早まり、7月以降、長短金利差の拡大が止まっています〈3-10〉。金利が、利上げを予測した時の現象で、「春から夏」に向かい始めたシグナルです。

　2024年3月、まずはマイナス金利政策が解除されました。

　しかし、2024年7月の利上げで、一時的に株価が暴落し、米ドル安・円高が進行し、日銀の追加利上げに「待った」が掛かりました。

　利上げ後、2年金利と長期金利は対照的な動きとなり、2年金利は次の利上げを織り込み上昇する一方で、長期金利は景気減速を織り込んで低下し始めました。これは、「夏から秋」に移るシグナルになります。長短金利差の縮小には2段階あり（第1章参照）、今後の長期金利の動きに注目です。

3-10 2年金利、10年金利の動き

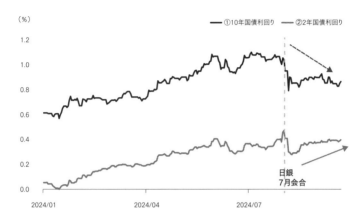

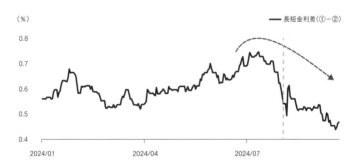

出所:ブルームバーグより筆者作成、2024年9月20日時点

ⅱ 金は冬が短いことまで知っているのか

通常「秋」の局面では、景気の減速とともに、インフレ懸念も後退します。

2024年7月の日銀会合後、物価連動国債（注：物価動向に合わせて元本が変わる国債、インフレ連動国債とも呼ばれる）と同年限の国債利回りを比べることで算出できる「期待インフレ率」は低下し〈3-11上〉、インフレ率が低下に向かうことを示唆しています。

また、国内株式市場では、一般的にインフレや金利上昇局面に選好されると言われるバリュー株（割安株）が、グロース株（成長株）に対して劣後し始めてきており〈3-11中〉、こちらもインフレ鈍化を想定し始めています。足元の債券および株式市場では、「秋」の局面入りを想定した値動きです。

さらに先の局面を織り込みに行っていると思われるのが「円建て金価格」です。円建て金価格は、ドル建ての金価格と米ドル円の為替レートによって決まり、過去を振り返ると日本のインフレ率に先行する傾向にあり、現在は、既に底打ちして上昇に転じています〈3-11下〉。今回の「秋～冬」の局面は意外と短く、早々に日本が再び「春」に向かうとつぶやいているのかもしれません。

第3章 日本の金利が動き始めた！

3-11 期待インフレ率、株式市場、円建て金価格の動き

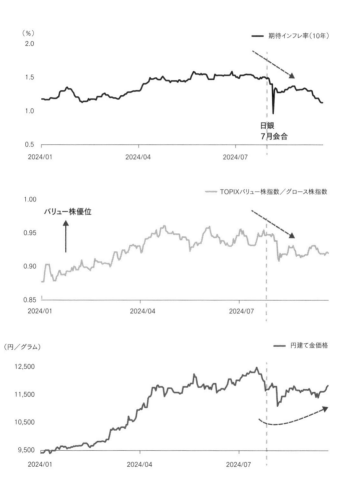

出所：ブルームバーグより筆者作成、2024年9月20日時点

プラスα：住宅ローン金利を考える時代が来た

i 金利はどこまで上がるのか？

　金利がどこまで上がるのでしょうか？住宅ローンを組む際、固定金利と変動金利はどちらが得なのでしょうか？

　誰もが知りたいことですが、将来の金利動向を予測することは難しく、さらに、住宅ローンについては、住宅購入者の将来設計や資金繰りに加え、提供する金融機関によって、金利水準、期間、優遇制度、返済ルール等の条件が異なるため、何が得かを結論づけることはできないと言うのが正直なところです。

　ただし、変動金利と固定金利のメリット・デメリットを理解すること、債券市場の参加者が将来の金利をどのように考えて日々の取引が成立しているかを理解することは、金利がどこまで上がるか、住宅ローンで何を選ぶかを考える大きなヒントになるはずですし、金利の仕組みをさらに理解することに繋がります。

　そのカギを握るのが、「フォワード金利」という考え方です。なるべく分かりやすく説明するつもりですが、計算は単純ではないし、考え方も一般的にはなかなか難しいので、その点はご承知おきください。

ⅱ フォワード金利で分かる、将来の変動金利水準

フォワード金利は，現在の国債利回りから逆算される、将来のある時点から始まる金利のことです。債券市場の参加者が、意識的もしくは無意識的に期待している将来の短期金利（以下、1年金利とします）と言い換えることもできます。

例えば、n年先から始まる短期金利は、以下の式から求めます。n乗とは、同じ数字をn回繰り返し掛け合わせることです。

> **n年のフォワード金利＝**
> **(1＋「n＋1年の利回り」)$^{(n+1)}$ / (1＋「n年の利回り」)^n －1**

3-12 フォワード金利の計算 （％）

n年	国債利回り	(1＋n年の利回り)^n	フォワード金利
1	0.24	1.0024	0.57
2	0.41	1.0081	0.43
3	0.41	1.0125	0.70
4	0.49	1.0196	0.92
5	0.57	1.0290	0.65
〜			
10	0.96	1.1007	2.40
〜			
30	2.35	2.0053	3.91

注：フォワード金利はn年先の1年金利
出所：ブルームバーグより筆者作成、2024年10月11日時点

iii 変動金利と固定金利の関係

〈3-12〉をグラフにしたのが、〈3-13〉です。

フォワード金利は、5年先くらいまでが緩やかに上昇して（0.25→0.65%）、5年先から急角度で上昇しています（10年先2.4%、30年先が3.91%）。

「え？ 日本の短期金利はこんなに上がるの？」と思った人も少なくないと思いますが、変動金利とは、フォワード金利が示すペースで短期金利が上昇していくと考え、固定金利は、その変動金利と利息の総額が一致するように平均化されています。

分かりやすく図にすると<3-14>です。

住宅ローン金利を考えた場合（金融機関ごとのローン条件の違いは除く）、固定金利の利息総額は長方形の面積で、変動金利の利息総額は三角形の面積で、両者の面積、つまり、利息総額は同じなのです。変動金利には、将来の金利にリスクプレミアムが乗っていて、固定金利にはリスクプレミアムが平均的に乗っている状態です。

したがって、変動金利の上昇ペースがフォワード金利より緩やかであった場合は、三角形の面積が小さくなるので、固定金利より変動金利を選んだ方が、支払う利息総額が少なくなるという結果になります。

3-13　国債利回りとフォワード金利

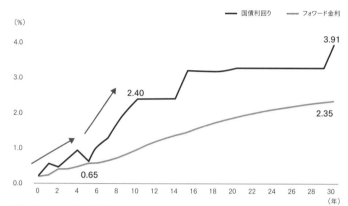

出所：ブルームバーグより筆者作成、2024 年 10 月 11 日時点

3-14　変動金利と固定金利の関係

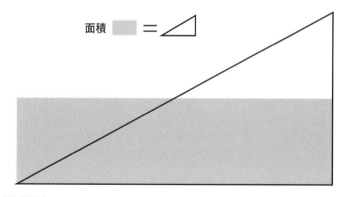

出所：筆者作成

iv フォワード金利を観察しよう

フォワード金利を観察する上で大事なのは以下の3点です。〈3-15〉は、〈3-13〉の10年までの期間を拡大したものです。

*5年まで（期待パス）

5年までのフォワード金利は、市場参加者の金融政策見通しが反映されると言われています。経済指標や中央銀行（日銀、FRBなど）メンバーの発言などを受けて変化します。

*5年（中立金利）

金融政策による景気循環（金融政策サイクル）は、およそ5年程度の期間でサイクルが一周します。そのため、金融政策を反映する短期金利も、およそ5年後には一定の水準に戻ると考えられます。

5年先のフォワード金利は、その一定水準を表したもので、景気にとって中立な水準（中立金利と呼ばれます）を示していると言われます。

* 5年より先(リスクプレミアム)

通常、イールドカーブは右肩上がり(期間が長いほど利回りが高くなる)ですが、これは主に予測期間が遠いほど不確実になる部分を反映したものと考えられ(必ずしも、金利が将来的に上がり続けるということではありません)、この部分を「リスクプレミアム」といいます。

リスクプレミアムは、景気や、インフレ、為替、財政などが不透明になるほど、将来の金融政策も不確実になることを反映しています。

3-15 フォワード金利を構成するポイント

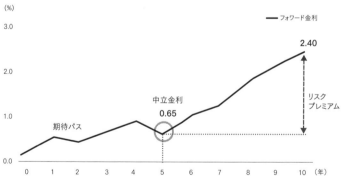

出所:ブルームバーグより筆者作成、2024年10月11日時点

v リスクプレミアムは、
リスク享受のご褒美か、リスク回避の保険料か

日本の中立金利は、一般的に0.5～1.0%程度と言われています。〈3-13〉を見ると、5年のフォワード金利も、今は概ね同水準となっており、10年、20年、30年が右肩上がりで高くなるのは、多くがリスクプレミアムによるものだと思われます。

リスクプレミアムの計算の一例として、5年のフォワード金利と10年のフォワード金利の差を見ると〈3-16〉、今のリスクプレミアムは過去20年でも高い水準にあります。今は、日本の金利が遠い将来どうなるか、かなり不透明な環境にあると市場が考えていると言えます。

したがって、想定外のイベントが無かった場合、現在のフォワード金利ほど金利は上昇しないと考えられ、将来の金利が不確実であることを受け入れてリスクを取った人が恩恵を受けられます。住宅ローンで言えば、将来の金利上昇リスクを許容し、変動金利を選択した人が、結果的に利息の支払が少なくなります。

一方で、リスクプレミアムを支払う立場の方（住宅ローンの固定金利を選択する方）から言うと、リスクプレミアムは将来どうなるか分からないリスクを回避する保険料とも言えます。

第3章 日本の金利が動き始めた！

3-16 フォワード金利5年・10年とリスクプレミアムの推移

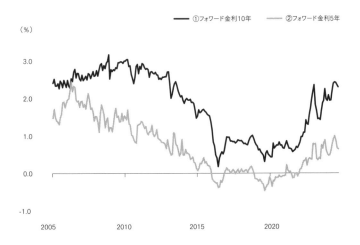

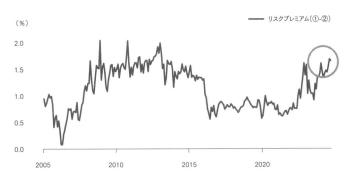

出所：ブルームバーグより筆者作成、2024年9月末時点

豆知識：指値オペレーション（指値オペ）

　オペレーションとは、公開市場操作とも呼ばれ、日銀が市場に流通される通貨量を調節することです。オペレーションには、大きく分けて、日銀による資金の貸付けや国債の買入れなど、金融市場に資金を供給するオペレーションと、日銀が振り出す手形の売出しや日銀が保有している国債の買戻条件付売却など、金融市場から資金を吸収するオペレーションがあります。

　指値オペレーションは、日銀が利回りを指定して（指値）、金融機関から国債を無制限に買い入れるオペレーションのことで、長短金利を操作し、金利上昇を抑える手段です。略して「指値オペ」と言います。

第 4 章

どうする日銀

How will the Bank of Japan move?

1 利上げは、続くのか？

① 長期国債買い入れ減額が始まった

　植田総裁が就任した2023年4月以降の金融政策は、以下の通りです。

2023年7月　YCC修正

2024年3月　マイナス金利（▲0.1％）を解除
　　　　　　YCCの撤廃
　　　　　　ETF・REITの新規買い入れ終了

2024年7月　追加利上げを決定（0.1→0.25％）
　　　　　　長期国債買い入れの減額計画を発表
　　　　　　（QT＝量的引き締め）

植田総裁は、着実に金融政策を変更し、2024年7月、更なる追加利上げを示唆しましたが、2024年8月5日の株価暴落を受け、内田副総裁が、「金融市場が不安定な状況での利上げはしない」と明言したことで、直ぐの追加利上げは遠のきました。

しかし、「長期国債買い入れの減額」は、淡々と実行に移されます。

まずは、2020年以降（COVID-19禍）の、消費の鈍化・現金給付・景気刺激策で生じたカネ余り現象が終了し、預金の増加がストップするでしょう。

今後、景気の腰を折らずに追加利上げを行うには、日銀は少なくとも3つの課題をクリアしていく必要があります。

課題1：利上げとQTで米銀破綻の現実
課題2：誰が日本国債を買うのか？
課題3：CDSが警告する、悪い金利上昇

日銀自身が決めた「長期国債買い入れの減額」が、日銀の追加利上げの大きな壁となりそうです。

② カネ余りが終了

　日銀は、2013年から毎月6兆円ペースで長期国債を買い入れてきましたが、2024年7月、「長期国債買い入れの減額」を決定しました。

　買い入れ額を「原則として毎四半期4,000億円程度ずつ減額し、2026年1~3月に3兆円程度とする」と発表したのです。

　日銀が保有する債券は、2024年9月現在、約590兆円で、毎月6兆円規模で満期償還を迎えるので、買い入れの減額に伴い、日銀の国債保有残高は減少していきます〈4-1〉。

　これは、市場から資金を吸収することとイコールで、実質的な量的引き締め（QT）が始まるのです。

> ### 豆知識：インターネット銀行と
> ### 　　　　インターネットバンキング
>
> 「インターネット銀行」とは、ネット銀行とも言い、実店舗や専用ATMをほとんど持たず、インターネット上での取引を中心とした「銀行」のことです。例えば、楽天銀行やPayPay銀行です。
> 「インターネットバンキング」とは、一般的な銀行が提供するインターネット上での「取引サービス」のことです。例えば、三菱UFJダイレクトやSMBCダイレクトです。

第 4 章　どうする日銀

4-1　日銀が保有する国債額の推移（予測）

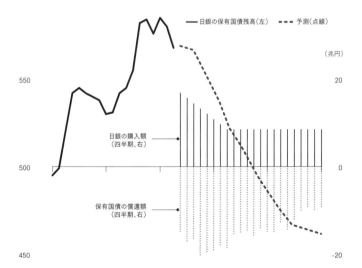

2026年4月以降の国債買い入れ額を、毎月3兆円と仮定
出所：日銀より筆者作成

③ 銀行の預金獲得競争が始まる

　日銀の長期国債買い入れ減額、つまり、QT開始で、MBが縮小すると、世の中の金余り状況が一変します。

　MBで、前年比マイナスが大きく生じたのは、2000年、2006年……ピンと来た方もいると思いますが……その後、景気後退や金融危機が起こっているのです〈4-2〉〈4-3〉。

　銀行の預金額は、MBに深く関係するので、今後は減少する可能性があり、民間銀行にとって死活問題となり得ます。

　一般的な銀行では、対面での相談や案内など店舗でのサービス拡充と併行して、インターネットバンキングを導入し、利便性を高める一方、近年誕生したインターネット銀行では、一部サービスが制限されるかわりに、相対的に安い手数料や高い預金金利を打ち出し、ポイント付与や優待などでグループ企業と連携するなど、すでに銀行ごとの強みをアピールして顧客獲得を図っています。

　預金総額の減少は、顧客獲得競争に拍車をかけることになるでしょう。

第 4 章　どうする日銀

4-2　マネタリーベース（前年比）

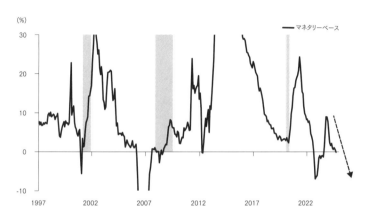

4-3　預金の伸び率（前年比）

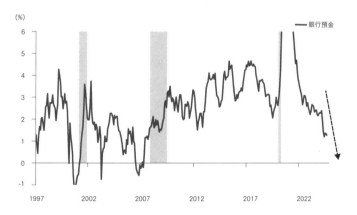

注）シャドーは米国の景気後退局面（NBER）
出所：ブルームバーグより筆者作成

2 課題1：利上げとQTで、米銀破綻の現実

① 2023年3月、米国で見られた銀行不安

　FRBは、日本よりも早く、2022年3月から利上げを行い、同年6月から国債などの保有資産を減らす、いわゆるQTを開始しました。

　このQTは、当初3か月は月額475億ドル（国債＋MBS）の減額ですが、2022年9月からは倍増し、月額950億ドルの減額という驚異的なペースでカネ余りを解消する計画でした。

　本格的なQT開始から約半年、米国地方銀行に衝撃が走ります。
- 2023年3月10日　シリコンバレーバンク（SVB）破綻
- 2023年3月12日　シグネチャーバンク破綻
- 2023年5月1日　ファースト・リパブリック・バンク破綻

　銀行セクターに対する信用不安が広がり、次なる破綻の憶測を呼び、預金引き出しが加速〈4-4〉、銀行株が急落しました。

　2023年3月、信用不安の拡大を防ぐ目的で、FRBが銀行への緊急融資制度（BTFP、2024年3月終了）を設立したほどです。

第 4 章　どうする日銀

4-4　米銀の預金と融資残高の関係（前年比）

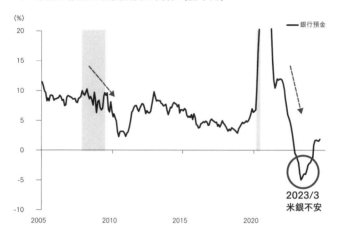

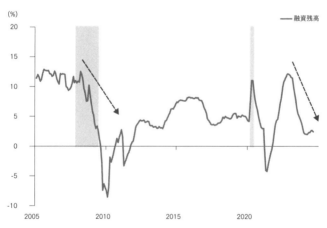

注）シャドーは米国の景気後退局面（NBER）
出所：ブルームバーグより筆者作成

② 破綻を招いた春の評価損と預金流出

　米国でも、2020年以降、銀行は、預金が増加する一方、貸出は伸びず、債券の保有割合を増やしていたため、利上げに向かう長期金利上昇（春）で、債券価格は下落し、評価損を抱えることになりました〈4-5〉。

　そして、2022年6月にQTが開始されました。すでに預金金利よりも利回りが高くなったMMFなどの金融商品へ資金がシフトしていたところに、QTで預金が大きく減少しました〈4-6〉。

　銀行は、預金の引き出しに応じるために、満期を待たずに債券を売却せざるを得ず、評価損が実現損（売却損）として計上されることにより、預金流出の事実と経営不安が一気に表面化し、破綻しました。

　破綻の発端は、夏の金融引き締めではなく、「春の長期金利上昇」による評価損で、その結果、預金流出時に破綻に至ったのです。

4-5 米銀の有価証券含み損益（対自己資本比率%）

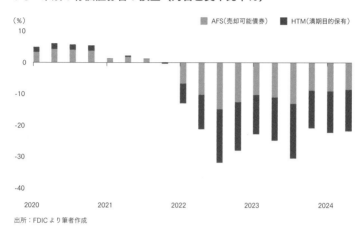

出所：FDICより筆者作成

4-6 米銀の預金からMMFへ資金がシフト（前年差）

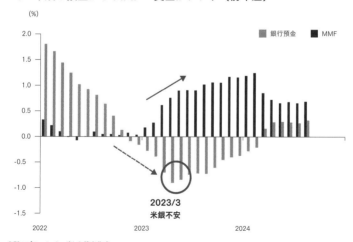

2023/3
米銀不安

出所：ブルームバーグより筆者作成

③ 日本の銀行は大丈夫か？

　日本の銀行でも、2020年以降、預金が増加し、債券の保有割合が伸びた状況は、米国と同じです。

　利上げとQTが始まった日本でも、預金の大量流出は起こるのでしょうか？

　2024年3月の上場銀行の評価損益を見てみると、〈4-7〉の通り、一部の銀行で評価損を抱える状況にありますが、預金の減少幅はまだ少ないままです。QTが始まったばかりで、MMFなどのライバル商品が少ないからでしょう。

　今後、日本もQTや利上げが進み、預金が大きく減少すると、
「保有有価証券を売却 → 売却損が発生 → 自己資本金が不足
　→経営不安」
と米国同様の事象が起こりかねません。先々を見越してか、すでに資本の増強を始めている銀行もあります。

　米国では、銀行の破綻が金融引き締め中に起こったため、BTFPを設立し、資金供給（緩和）を行う結果になりました。

　日銀は、金融引き締めと金融システム安定化のバランスを取らなければならず、国内銀行の評価損問題は、利上げやQTを妨げる要因になるかもしれません。

4-7　国内行の評価損益および流動性の余裕度（2024年3月時点）

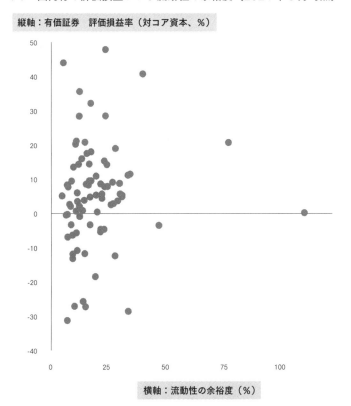

流動性の余裕度（％）＝銀行が保有する現金（資産）÷預金（負債）

出所：各行資料より筆者作成、2024年3月末時点、上場する銀行および農林中央金庫、商工組合中央金庫が対象

3 課題2:誰が日本国債を買うのか?

① 国債発行が急増

　2020年以降、COVID-19禍の国内消費の低迷を下支えするため、政府の財政支出拡大が続きました。主な財源は、国債発行です。

　財務省によると、国債残高は、2020年度に60兆円急増、2024年度も51兆円増加し、普通国債残高は、2022年度末に初めて1,000兆円を超え、2024年度末には1,105兆円となる見込みです〈4-8〉。

4-8　普通国債残高

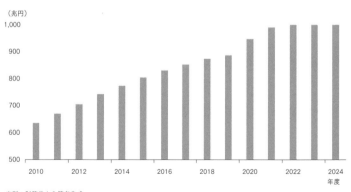

出所:財務省より筆者作成

② 国債は日銀へ

　財政赤字の拡大を受けて、国債の発行が増えましたが、2013年からの異次元緩和開始、2016年からのYCC導入（当初は国債買い入れ減額でしたが）により、日銀が国債を購入して、市場に資金を供給する超金融緩和政策が継続されました。

	2010年		2023年
政府債務	609兆円	→	988兆円（+379兆円）
日銀の国債保有	56兆円	→	588兆円（+522兆円）

　気づいたら、日銀が、市場に流通する国債の約5割（半分）を保有していました〈4-9〉。

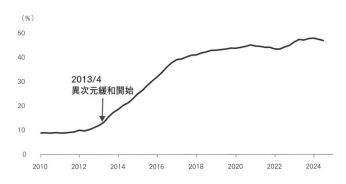

4-9　日銀が保有する国債の市場割合

出所：日銀より筆者作成

③ 誰が日本国債を買うのか？

　2024年7月、日銀は「長期国債買い入れの減額」を決定しました。日銀の試算のよると、買い入れ額は、向こう2年間で約50兆円の減額となります。

　では、日銀の代わりに、誰が国債を買うのでしょうか？

　国内銀行は、2010年頃までは国債の買い手でしたが、現在、新しい国際ルール（IRRBB：金利リスク上限を定めるBISルール）が課されており、10年国債の金利リスクで換算すると、購入余力は、総額で100兆円程度です〈4-10〉。

　向こう2年間で市場に出回る国債は、日銀が買わなくなった50兆円と増加するだろう国債発行残高約80兆円程度（2023年度、2024年度の2年間では79兆円）の合計約130兆円程度になるため、IRRBBを考えると、国内銀行は日銀の代わりにはなれそうにありません。

　日銀が減額する50兆円とは、日銀にとっては保有国債の約8％程度と大きな額ではありませんが、市場にとっては決して少ない数字とは言えず、買い手がいなければ、いずれ長期金利は上昇（債券価格が下落）します。

第 4 章　どうする日銀

　IRRBBとは、金利リスク（例として国内金利は+1%、欧米金利は+2%上昇した場合の評価損が増える金額、対自己資本比率）は、国際統一基準行は15%、国内基準行が20%と定めていますが、既に国際統一基準行が7.1%、国内基準行が4.0%の金利リスクを持っていることから、残りの取得できる金利リスクは各7.9%、16.0%となります。

4-10　金利リスク規制（IRRBB）に基づく国債投資余力の試算

	IRRBB 規制		金利リスク取得余地 （10 年国債換算）	
	対コア資本 上限（%）	同 2024/3 末 （%）	対コア 資本（%）	10 年国債換算 （兆円）
合計		6.0		**98.4**
国際統一基準行	15.0	7.1	7.9	69.2
国内基準行	20.0	4.0	16.0	29.2

出所：各行資料より筆者作成、2024 年 3 月末時点、上場する銀行および農林中央金庫、商工組合中央金庫が対象。
金利リスク＝上方パラレルシフトにおけるΔEVE/ コア資本とし、上限を国際統一基準行で 15%、国内基準行で 20% とした。
なお、預金などの負債、国債以外の資産（一般債、貸出金等）、自己資本は一定と仮定。

④ 頼りにならない海外投資家

　国内銀行が国債を買えないとなると、残るは海外投資家しか思い浮かびませんが、海外投資家は、需給悪化を見越してか、2022年以降、日本国債を約20兆円近く売り越しています〈4-11〉。

　日銀の試算では、日銀が日本国債を約590兆円保有していることで、10年金利が0.86％低下しているため、国債買い入れを50兆円減額することで、金利上昇は0.08％程度だとしています。
　しかし、海外投資家は、QTと利上げが続けば、この程度の金利上昇では収まらないと考えて売り越しているわけで、直ぐの追加利上げが遠のいたくらいで、買い越しに転じるとは思えません。
　海外投資家が魅力的と考えて再び買いで参入してくるには、日本国債の利回り水準がさらに上昇する必要があります。

「長期国債買い入れの減額」は、国内銀行の購入余力を狭め、海外投資家を遠ざけ、じわじわと実体経済に影響を及ぼしそうです。

第 4 章　どうする日銀

4-11　海外投資家の国債買い越し額（マイナスは売り越し）

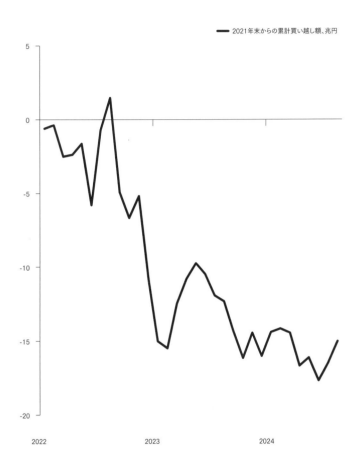

出所：ブルームバーグより筆者作成

4 課題３：CDSは警告する、悪い金利上昇

① 良い金利上昇と悪い金利上昇

長期金利の上昇には、2種類あります。

金融政策サイクルの「春」の景気回復局面での金利上昇と、財政赤字が拡大して国債の買い手が乏しい景気後退局面での金利上昇で、前者は「良い金利上昇」、後者は「悪い金利上昇」と呼ばれています。

どちらの金利上昇なのかを見分ける手段として、CDS（クレジットデフォルトスワップ）があります。CDSとは、信用リスクを取引するための商品です。信用リスクを回避したい人が買い手となり、プレミアム（保証料）の支払いと引き換えに、破産などクレジットイベント発生時の損害が保証される仕組みです。

長期金利が上昇している時に、CDSのプレミアムも上昇していたら、信用リスクを懸念する人（買い手）が多い局面、つまり、景気後退局面となり、悪い金利上昇と判断できます。

2009年のギリシャショック、最近では、2022年のトラスショック（英国）の際、このCDSのプレミアムが上昇しています。

② ギリシャショックとトラスショック

i ギリシャショック

　ギリシャでは、2009年10月、政権交代をきっかけに、財政赤字を過小に公表していたことが発覚、さらにEU（欧州連合）の財政ルール（財政赤字をGDP比3％以内に抑える）を上回っていたことも発覚しました。旧政府が巨額の債務を隠蔽していたのです。

　ギリシャの信用は失墜し、ギリシャ国債利回りが急騰（価格は暴落）したのが、ギリシャショック（ギリシャ危機）です。

　ギリシャの信用不安は、イタリアやスペインなどユーロ圏に拡大し、「ユーロ危機」に発展しました。

　財政赤字国が多いユーロ圏で、ユーロ圏の国債を多く保有する銀行に信用不安の懸念が生じ、各国政府は銀行支援を行うことで、財政赤字が拡大するという、信用不安の連鎖が起こりました。

　財政悪化の懸念、つまり、景気減速の下で、国債利回り（金利）が上昇した「悪い金利上昇」で、CDSのプレミアムも上昇しました。

ii トラスショック（英国）

　英国では、2022年9月、国債、通貨、株式が同時に売られるトリプル安に見舞われました。トラスショックです。

　英国中銀が、インフレ抑制のために利上げと保有国債の売却を決定し、長期金利が上昇していたところに、トラス政権（当時）が、財源を国債発行で賄うとする大規模減税策を打ち出すと、英10年国債利回りが急上昇（価格は下落）しました。さらに、財政悪化懸念から、英ポンドが対米ドルで過去最低水準にまで下落、2022年10月にかけて株価も下落しました。

　英10年国債利回りの急上昇には連鎖があり、英国の企業年金基金に代わってLDI（債務連動型運用）を運用していたファンドが、証拠金不足で大規模な国債売却を行ったため、更なる金利上昇を招きました。LDIショックと呼ばれています。

　これも「悪い金利上昇」で、〈4-12〉のとおり、CDSのプレミアムは上昇します。

　トラスショックの要因は、英国中銀による金融引き締めと同時に、国債発行で政府の債務拡大が懸念された結果で、特に日本を含めた借金国にとっては、政策の難しさを痛感させられた事案となりました。

第 4 章　どうする日銀

4-12

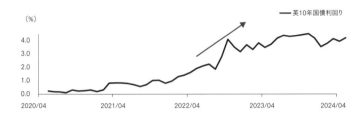

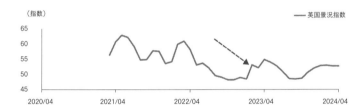

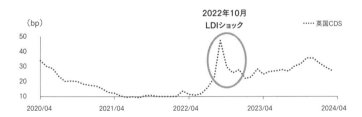

出所：ブルームバーグより筆者作成

③ トランプショックは、問題なし

i トランプショックは、良い金利上昇

米国では、2024年11月に大統領選挙を控えています。

前回トランプ氏の大統領就任が決定した2016年11月は、トランプショックと呼ばれ、決定直後、金利が上昇し、一時株価が急落した記憶があるだけに、トランプ氏が再選されるか否か、大統領選挙の行方が気になるところです。

しかし、2016年頃の米国の景気は回復基調で、CDSも安定しており、トランプショックは、良い金利上昇だったと言えるでしょう〈4-13〉。

ii 債務上限引き上げ問題は、悪い金利上昇

一方、2023年には、米国で悪い金利上昇が見られました。

債務上限引き上げ問題を巡るバイデン大統領と下院共和党との駆け引きが報じられた時です。景気後退局面で、財政運営の混乱から、ソブリンリスク（債務不履行など国に対する信用リスク）が発生し、長期金利が上昇、CDSのプレミアムも上昇しました。

結局、2023年6月1日に米国連邦議会上院で、連邦債務の上限を停止する「財政責任法案」が可決し、デフォルトは回避されると、CDSプレミアムも落ち着きを取り戻しました。

4-13

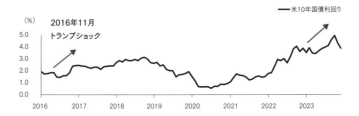

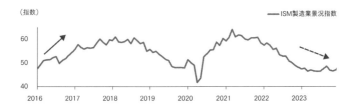

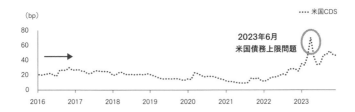

出所:ブルームバーグより筆者作成

④ 日本のCDSは、大丈夫か？

このように、悪い金利上昇は、ユーロ圏、英国、米国など先進国でも意外と頻繁に発生しています。無理な政府支出や財政赤字が拡大し、債券市場の需給が悪化するとCDSが警告を発するのです。

では、最近の日本の長期金利上昇は、悪い金利上昇なのでしょうか？

日本のCDSプレミアムは、2024年9月現在、かなり安定しているので〈4-14〉、今のところ、悪い金利上昇ではなさそうです。驚くことに、格付けが高い米国のCDSプレミアムよりも低いのです〈4-15〉。

これは、市場参加者が、日本の財政は、世間が思っているほど悪くはない（今後良くなる）、または、長期金利の上昇だけなら問題ない、と考えているからなのですが、その背景は、日銀が日本国債の約半分を保有しているが故に、短期金利の上昇だけが問題になる、という日本特有の事情にあります。

第 4 章　どうする日銀

4-14

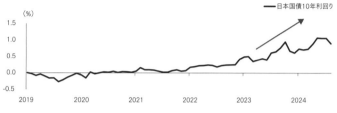

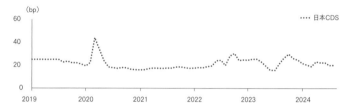

4-15　各国の CDS プレミアム

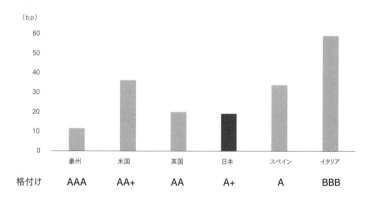

出所：ブルームバーグより筆者作成、2024 年 9 月 13 日時点、格付けは S&P

⑤ 短期金利「命」の日本

ⅰ 日米の財政に明暗か

2024年4月現在、IMF（国債通貨基金）の見通しでは、財政赤字は、2022年の時点で日本が▲4.4％、米国が▲4.1％と近い水準にありましたが、2026年は、日本は▲2.9％と改善に向かう一方、米国は▲6.6％に悪化する見通しです〈4-16〉。

ⅱ 利払い費増の米国

米国の財政悪化の理由はシンプルで、ここ数年の金利上昇により、今後の国債の借り換えに伴う、政府（国）の国債利払い費が増加することが懸念されているからです。

〈4-17〉は、米国議会予算局（CBO）による財政収支の長期見通しです。2017年にトランプ政権下で成立した減税法案の期限切れを前提に、国債利払い費等を除く基礎的財政収支は小幅な改善が見込まれていますが、長期的にはIMFと同じく利払い費の増加が財政赤字の拡大につながっています。

サンフランシスコ連銀は、財政赤字の拡大を避けるには金利の低下と増税が必要だと指摘しましたが、2024年は大統領選挙を控えており、増税には踏み切り難いと思われます。

4-16 財政収支（対GDP比、％）

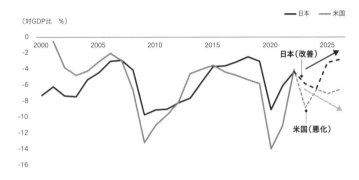

出所：IMFより筆者作成

4-17 米国財政収支（マイナスは赤字）の見通し

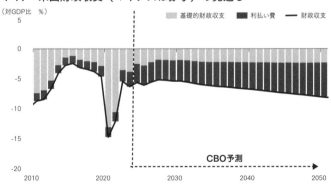

出所：CBOより筆者作成

iii 統合政府で負担減の日本

 一方、日本の財政赤字は、2020年はコロナ対策で拡大しましたが、それ以降は、着実に縮小し、内閣府の試算（2024年7月）では、ベースラインケースで、基礎的財政収支は2025年度には黒字化を達成する見通しです。利払い費は、長期金利が2024年1.0％から2033年に1.4％へ上昇する前提から、増加はするものの、財政赤字全体は、過去の水準と比べて抑えられています〈4-18〉。

 また、米国と日本で財政赤字の見通しが対照的な最大の理由は、日銀の日本国債保有率が非常に高い（約半分）という点です。

 ざっくり言うと、長期金利が上昇すると、日本政府の利払い負担が増加するのは米国と同様ですが、日銀の日本国債保有率が高いため、長短金利差拡大で日銀の収益も増加するので、統合政府ベース（政府＋日銀）で見れば、支出は半減する仕組みです。

 日本は、日銀を通じて資金調達を短期化している構図となり、利上げが続かない限り、すぐには財政悪化に繋がらないことから、CDSが安定していると思われます。

 逆も然りで、利上げ＝短期金利の上昇は、長短金利差縮小で日銀の収益が減少し、財政悪化につながります。CDSが警告を発するはずで、日銀の利上げには限界がありそうです。

第4章 どうする日銀

4-18 日本財政収支（マイナスは赤字）の見通し

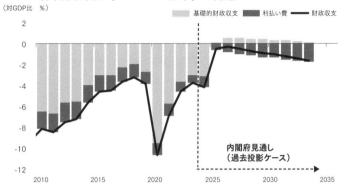

出所：内閣府「中長期の経済財政に関する試算」より筆者作成

4-19

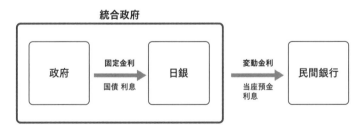

出所：筆者作成

iv 住宅ローンも短期金利「命」

国から個人に目を移してみます。個人の借り入れで最も大きな割合を占める住宅ローンでは、金利タイプで「変動型」が約8割に上り、「全期間固定型」は約1割未満にとどまっています〈4-20〉。また、住宅金融支援機構の同時の調査では、住宅ローン返済における最大の不安要素は「借入金利の上昇」でした。

今の日本は、国も個人も、短期金利「命」の構図で、住宅ローンの利用状況は、日銀が将来利上げを進める際に注視する材料になることでしょう。

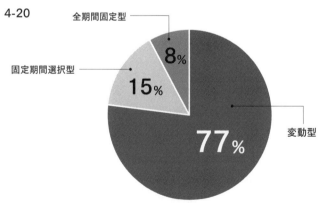

4-20

出所：住宅金融支援機構「住宅ローン利用者調査（2024年4月調査）」

第 5 章

世界から
日本を考える

Considering Japan
from a global perspective

1 まず、米国のサイクルを確認

　日本は、米国景気の影響を大きく受けます。まず、今の米国を、①WD、②金利、③信用サイクルの順で確認しましょう。

① ワールド・ダラー（WD）から見た米国

i WD＝米国内ドル＋海外ドル

　基軸通貨である米ドルは、〈5-1〉のように世界を回っています。「WD」とは、この世界（米国内＋海外）に流通する米ドルの合計額のことで、概算にはなりますが、WD＝「米国MB」＋「FRBが保管する海外中銀の米国債金額」で算出できます。

　MBの伸び率は、金融緩和により上昇し、金融引き締めにより低下します。その結果、WDの伸び率（前年比、以下省略）は、景気循環に先行する傾向にあります。

　米国内の米ドルの増減は米国景気に影響し、米国外の米ドルは新興国（貿易相手国）の経済に影響を与えるので、WDの増加ペース（前年比）を確認することで、経済の健康状況が分かります。

第5章 世界から日本を考える

5-1　世界でのドルの動き

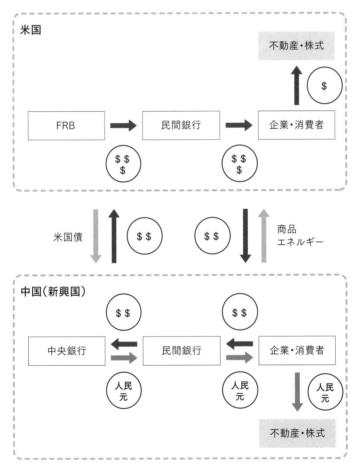

出所：筆者作成

ii WDで季節が移り変わる米国　冬へ

```
・WDの伸び率が下向き＝金融引き締め局面→景気減速
・WDの伸び率が上向き＝金融緩和局面→景気回復
```

2020年以降を振り返ると〈5-2〉、

冬	2020年	コロナショックでQE→WD拡大
春	2021年	景気回復
夏	2022年	利上げ・QT開始→WD縮小
秋	2023年	景気減速
小さい冬〜春	2023年3月	イレギュラー発生 通常ならば、景気後退（冬）だが、米銀支援のBTFP設立（第4章参照）で、FRBが資金供給を開始→WD拡大→景気回復
夏	2024年前半	BTFP終了（2024年3月）で再び金融引き締め開始→**WD下向きへ**
秋〜冬	2024年9月	景気減速で利下げ（5.5%→5.0%）
冬？	2025年	QTも終了か？→WD拡大・景気回復へ

〈WDからの注目点〉

　FRBがQTを終了し、利下げ効果でWD拡大なら、景気回復（春）か。QTの終了時期に注目。

第 5 章　世界から日本を考える

5-2　ワールド・ダラー（WD）と米国景気循環の関係

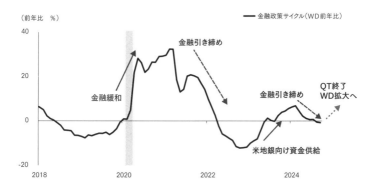

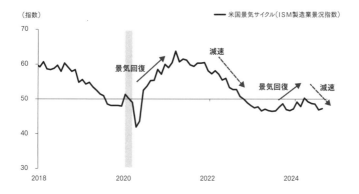

注）シャドーは景気後退局面(NBER)
出所：FRB、St Louis 連銀(FRED)から筆者作成

② 長短金利から見た米国

> 長期金利上昇での長短金利差拡大は春（景気回復）の兆し
> ＝利下げ終了

2020年以降を振り返ると〈5-3〉、

2020年	コロナショックで、利下げとQEを実施。政策金利は低位安定も長期金利は先行して上昇し、**長短金利差は拡大へ（春へ）**
2022年3月	利上げを開始。**長短金利差が縮小へ（夏）**
2022年11月	政策金利4.0%で**長短金利差逆転**。過去は、この時点で利上げ終了だが、インフレ抑制のため利上げ継続。長期金利横ばい
2023年3月	BTFP設立で景気再拡大。長期金利が上昇へ
2024年3月	BTFP終了で、金融引き締めへ。政策金利は2023年7月の利上げを最後に横ばい。景気減速懸念で長期金利が先行して低下。**長短金利差が縮小へ（秋へ）**
2024年9月	利下げ開始（秋〜冬）「短期金利低下で」長短金利差が拡大へ（冬へ）

〈長短金利からの注目点〉

冬はいつまでか？

「長期金利上昇で」長短金利差拡大し始めたら、春。

第 5 章 世界から日本を考える

5-3　米国長短金利の推移

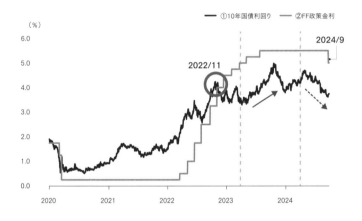

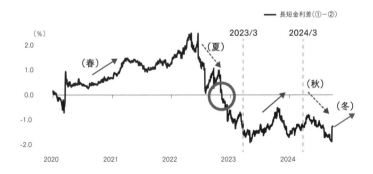

出所：ブルームバーグより筆者作成、2024年9月20日時点

③ 信用サイクルから見た米国

i 米銀の融資姿勢から見る信用サイクル

信用サイクルは、銀行の融資姿勢のサイクルです。

銀行の融資姿勢は、商業銀行の融資担当責任者にヒアリング調査（Senior Loan Officer Opinion Survey）を行います。

〈5-4〉は、「融資基準を強化」との回答比率から「融資基準を緩和」との回答比率を差し引いたもので、グラフの上向きが、貸し渋り姿勢を表します。

〈5-5〉と合わせてわかるとおり、約10年に1度の景気後退局面では、銀行の融資姿勢が消極化した結果、企業は資金調達しにくくなり、デフォルト（倒産）率が高まります。最近では、コロナショックの局面で発生しました。

現在は、銀行の融資姿勢は緩和傾向、企業のデフォルト率もまだ低位にとどまり、問題はなさそうです。

第 5 章　世界から日本を考える

5-4　銀行融資姿勢

5-5　商工業ローンの貸倒償却率

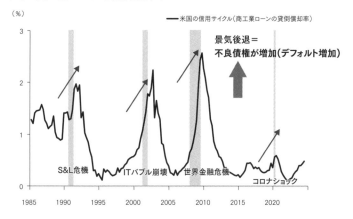

注）シャドーは景気後退局面（NBER）
出所：FRB、St Louis 連銀（FRED）より筆者作成

ⅱ 企業のレバレッジ状況

信用サイクルの確認には、社債スプレッドを見るのが有効です。

企業は、景気回復期の初期は設備投資や在庫投資のため、後期はM&Aや自社株買いのために負債（借金）を増やすため、企業のレバレッジ比率（債務残高／企業収益）は拡大に向かいます〈5-6〉。

企業の財務状況が悪化するにつれて、債券投資家は、その企業が発行する社債への投資を手控え始め、格付け会社が格下げを行うこともあります。その結果、社債スプレッドが拡大に向かい、景気後退および金融ショックが訪れます〈5-7〉。

2020年のコロナショック以降は、企業が負債をまだ増やさず、レバレッジ比率が低いため、社債スプレッドは安定しています。

〈信用サイクルからの注目点〉

米国の信用サイクルは、銀行の融資姿勢から見ても、社債スプレッドから見ても、

「10年に１度の金融ショックが起こるほどの環境ではない」

と考えられます。

第 5 章　世界から日本を考える

5-6　米企業の財務レバレッジ

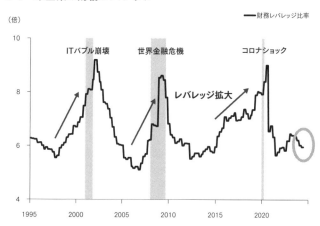

5-7　格付け毎　社債スプレッド推移

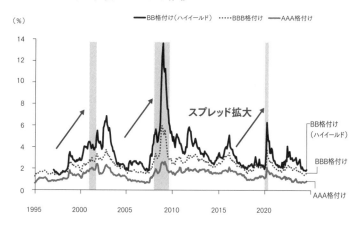

注）財務レバレッジ比率は債務残高／企業収益（直近値は2024年6月末時点）、シャドーは景気後退局面（NBER）
出所：ブルームバーグ、FREDより筆者作成

豆知識：レバレッジ比率

レバレッジ比率とは、負債比率とも呼ばれ、自己資本（株式等）に対する他人資本（負債＝借入）の割合を言います。自己資本とは、返済の必要のない資金のことで、他人資本は返済の必要がある資金です。

レバレッジ比率（％）＝（他人資本÷自己資本）× 100

レバレッジ比率は低いほど、財務状況は健全ですが、レバレッジ比率を高めるのが、一概に悪いわけではありません。財務状況が一時的に不安定になっても、企業の成長を優先させる姿勢が必要な時もあり、結果として企業が成長できる質の良い借金かどうかが問題です。

5-8 レバレッジ比率のイメージ

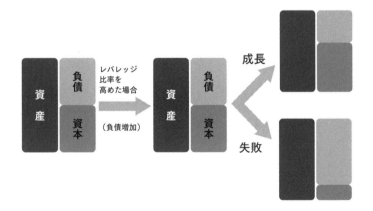

出所：筆者作成

④ 米国のメインシナリオ：早めの春

i 米国の今：短い冬の始まり

- WDは、QT終了なら、拡大方向か
- 金融政策サイクルは、冬（利下げ開始）
- 信用サイクルは、下向きではない

　総合的に見ると、この景気後退（冬）は、信用サイクルが悪化していないため、深刻な景気後退や金融ショックには至らず、QT終了を待って、WDが拡大し始め、景気回復へ向かうと思われます。

5-9　米国景気サイクル（ISM製造業景況指数）

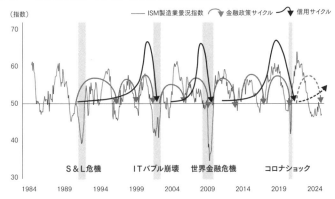

注）シャドーは景気後退局面（NBER）
出所：FRB、St Louis連銀（FRED）より筆者作成

ⅱ 米国のこれから：短い冬→春へ

＊利下げの市場予想

9月のFOMC参加メンバーによる政策金利見通し（中央値、〈5-10〉の①）では、現在の5％水準から、2024年末までに▲0.5％、2025年中に▲1.0％、2026年中に▲0.5％の利下げが想定されています。また、政策金利の先物市場（〈5-10〉FF金利先物）においても、同様の利下げを織り込んでいます。

しかし、著者は2つの理由により、今回の利下げの幅と期間は、現在のFOMCの予想よりも小さく、短くなる（冬は短い）と考えています。

＊短い冬の理由その1

まず、前述のとおり信用サイクルは健全なため、米国経済の大きな落ち込みは想定しておらず、大幅な利下げをしなくても、米国経済は次の景気回復に向かうと考えます。

確かに、FF金利の先物市場から算出する1年後のFF金利は、現在の政策金利（5％）から▲0.73％低下するとなっており、過去の景気後退期並みの利下げペースを織り込んでいますが〈5-11〉、金融緩和効果が見られ始めるころには、金融市場の利下げ期待が修正されるでしょう。

5-10　政策金利、インフレ見通し

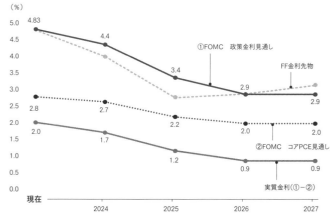

FOMC見通しは、9月SEP(Summary of Economic Projections)中央値
出所：FRB、ブルームバーグより筆者作成、9月18日時点

5-11　今後1年間の政策金利（米国）変化の織り込み

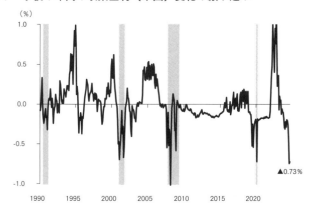

注）シャドーは景気後退局面（NBER）
出所：ブルームバーグより筆者作成、1年後のFF先物金利から算出

＊短い冬の理由その2

　次に、利下げの前提に、インフレ率の低下見通しがあることです。米国の実質金利（第3章参照）は他の先進国より高く、景気が抑制される状況なので、FOMCメンバーは、インフレ率が低下するならば利下げしようと考えているはずです。

　しかし、金融市場では、米国の利下げ期待を背景に、新興国市場への資金流入が始まっていることが気になります。

　過去、エネルギー等の消費量が多い新興国経済が回復すると、その後商品市況が上昇しています〈5-12〉。金融政策サイクルにおける「春」に見られる事象です。

　また、1970年代と現在のインフレ率の推移〈5-13〉が類似していると指摘する向きもあります。当時のバーンズFRB議長は、インフレの沈静化を確認しないまま、政治的圧力で大統領選挙（1972年、76年）などに配慮した金融緩和（1974年）を実施したため、再びインフレを招いたのではないかと言われています。

　偶然の一致でしょうか、2024年11月の大統領選挙を控え、9月から利下げが始まりました。今後インフレ圧力が再燃して、実質金利が低下するようなら、利下げを継続する理由（前提）が無くなることになり、早めに春に向かうでしょう。

第 5 章　世界から日本を考える

5-12　新興国株式と商品市況の関係

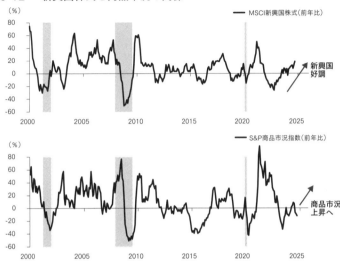

注）シャドーは景気後退局面（NBER）
出所：ブルームバーグより筆者作成

5-13　1970年代と現在のインフレ率推移の比較

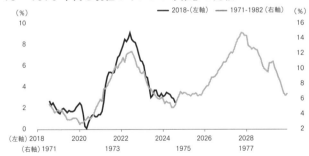

インフレ型危機＆利上げ（1973年）→利下げ（1974年）→インフレ再加速→再利上げ→スタグフレ型不況

出所：ブルームバーグより筆者作成

⑤ 米国のリスクシナリオ：信用サイクルの悪化

　リスクシナリオは、商業向け不動産絡みで信用サイクルが悪化した場合を考えます。

ⅰ 気になる米国の商業向け不動産

＊オフィス空室率の上昇

　米国の信用サイクルは、現状問題無いという結論でしたが、今後注視したいのが、商業用不動産ローンです。

　COVID-19禍以降の企業のリモート環境が整備され、オフィス空室率が上昇しているため、商業用不動産の賃貸収入が減少し、同不動産価格も下落しています〈5-14〉。

＊CMBSスプレッドの拡大

　商業用不動産ローンの信用サイクルは、同ローンを担保に発行される債券（CMBS）の国債利回りとのスプレッド（CMBSスプレッド）で確認します。

　CMBSスプレッドは拡大傾向にあります〈5-15〉。
「商業用不動産の空室率上昇→同不動産価格の下落→CMBS投資ファンドの売却・解約希望」を理由に、同ファンドの投げ売りの一部ニュースが出たことも影響しており、いずれは、資金返却のため、担保不動産の投げ売りを呼ぶとの憶測もあります。

第 5 章　世界から日本を考える

5-14　米商業不動産価格の推移

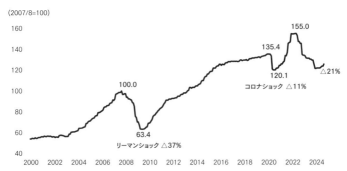

出所：Green Street Commercial Property Price Index　より筆者作成、2024年8月時点

5-15　米国 CMBS のスプレッドと REIT 価格指数

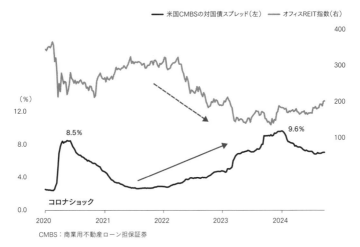

CMBS：商業用不動産ローン担保証券

出所：ブルームバーグより筆者作成　2024年9月20日時点

＊商業用不動産向け融資の消極化なら、金融不安も

　米銀の決算には、商業用不動産の影響はまだ表れていませんし、企業向け融資は積極的です。しかし、商業用不動産向け融資については消極的になり始めています。

　商業用不動産向けの融資消極化の影響は、ぎりぎりまで裏で燻っていることが多く、借り換えが増える頃（多くは5年程度で金利見直しか）、ローン金利の上昇、CMBSスプレッドの拡大などで一気に表面化します。

　商業用不動産は個別性、地域性が強いことから、同ローンの貸出は、地方銀行がメインとなるのが特徴で〈5-16〉、商業用不動産ローンが不良債権化し、米地銀の経営悪化が深刻化すると、米国の金融不安へと広がるかもしれません。

ii 信用サイクル悪化 → 大幅利下げ → 米ドル安

　足元の米ドル円の動きは、2024年中の米利下げ幅に連動しているように見え（2024年12月限のFF先物金利に近い動き）、2025年中の利下げ幅までは想定していないようです〈5-17〉。

　もし、今後、信用サイクル悪化等を起因とした米国の大幅利下げが現実味を帯びた場合は、米ドル安・円高となる（米ドル円が2025年12月限のFF金利先物に近づく）可能性があります。

5-16　米地銀は商業不動産ローンに傾斜

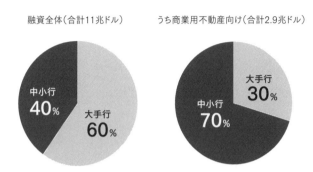

出所：FRBより筆者作成、2024年9月時点　大手行は資産規模で上位25行、中小行は左記以外

5-17　FF先物金利と米ドル円

出所：ブルームバーグより筆者作成

2 日本のサイクル

米国のシナリオを前提に、日本を考えましょう。

① 日本の信用サイクル

i 企業収益から見る信用サイクル

日本企業は、〈5-18〉のとおり、バブル崩壊を経て2010年代から、企業のレバレッジ比率を示す「固定負債/純資産」は低下しており、企業の財務健全化が続いています。

分母を企業収益とする「固定負債/経常利益」も、これと同じ動きを示す企業のCDSも、景気後退時を除けば、安定しています。

ii 銀行株が語る信用サイクル

簡単に言えば、銀行が元気だと、景気も元気になります。

銀行の収益源は長短金利差で、銀行の健全度は、銀行株で確認できます。2023年からの金融緩和策解除による長短金利差拡大により、銀行の収益は改善しているため、日本の銀行株は、日本株全体に比べて上昇している状況です〈5-19〉。

〈信用サイクルからの注目点〉

企業側から見ても銀行側から見ても、**「日本の信用サイクルは問題ない」**と言えます。

5-18　日本企業のレバレッジ比率とCDSの推移

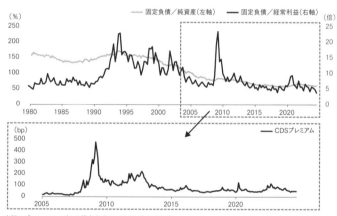

出所：ブルームバーグより筆者作成　2024年9月20日時点

5-19　長短金利差と銀行株の関係

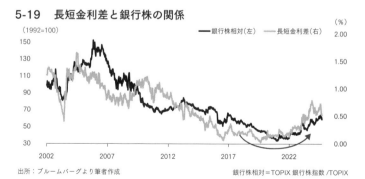

出所：ブルームバーグより筆者作成　　　　　　　　銀行株相対＝TOPIX 銀行株指数/TOPIX

② 今の日本の金融政策サイクル

第2章で、1980年以降を3期（❶❷❸）に分けたうち、主に直近の❸を見ていきましょう。

i 為替ありきの日本

第1、2章で説明した通り、日本は、米国の金融政策によって、

> 為替 → インフレ → 為替介入・金融政策 → MB

という順で影響を受け、金融政策サイクルの1周の中は、

> 円高 → 円安

の順になります〈5-20〉。

直近の❸の場合、❸の中での円高期は終わり、今は円安期です。

❸円安期：COVID-19後の米国利上げでの米ドル高・円安 → インフレ上昇 → 米ドル売り円買い介入 → 2024年3月マイナス金利解除（利上げ）→ MB縮小へ

〈為替からの注目点〉

大局から見ると、今はまだ円安。米国が利下げでも、日本の景気減速、または、日本の利上げ幅が小さく、円安期継続か（❸のまま）。

第 5 章 世界から日本を考える

5-20

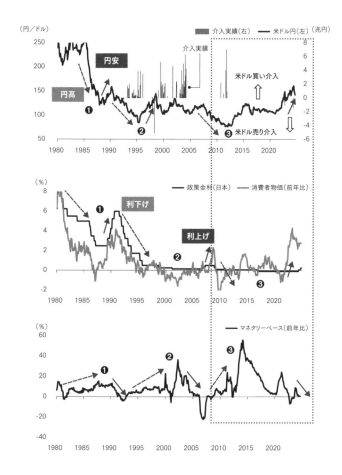

出所：ブルームバーグより筆者作成

豆知識：日米の政策金利

〈米国〉

「FF金利」は、Federal Funds Rateの略で、米国の代表的な短期金利です。米国のFRS（連邦準備制度）の加盟銀行は、預金の一部を連邦準備銀行に預け入れることが義務付けられており、この資金が過不足する場合に、加盟銀行が互いに短期資金を貸し借りする市場で成立する金利です。

「FF金利」は、FRBが行う金融政策の誘導目標金利となっており、米国の現在の政策金利です。

〈日本〉

金融機関同士がコール市場において、無担保で短期資金を借り、翌日に返済する取引のことを「無担保コール翌日物（無担保コールオーバーナイト物）」といい、この時の貸し借りの金利を「無担保コール翌日物金利」と呼びます。

日銀は、金融政策で誘導目標とするのが、この「無担保コール翌日物金利」で、日本の現在の政策金利に当たります。

ii 長短金利差から見える金融政策サイクル

　大きな金融政策サイクルは3回（❶❷❸）ありますが、❸は、2023年からの長期金利水準の正常化と共に長短金利差が縮小し、金融緩和（❸前半）から金融引き締め（❸後半）に入りました。

　そして、今の金融政策サイクルは、2020年のCOVID-19で、❸の中の誕生した小さなサイクル（❸f'）で見ていきましょう。

5-21

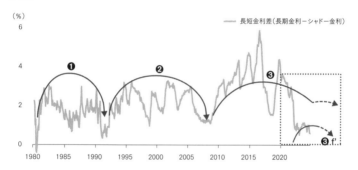

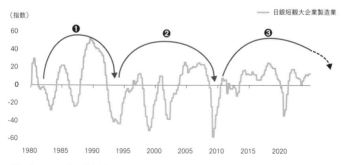

出所：ブルームバーグより筆者作成

iii 日本の金融政策サイクルの今を考える

❸ f 'の特徴は、以下の通りです。

春	2020年	金融緩和でMBが拡大
春	2023年	YCC政策でMBが拡大するも、10年国債利回り（10年金利）は上昇
夏	2024年前半	3月マイナス金利を解除、7月利上げ。
夏？秋？	2024年7月以降	7月の利上げ後、長短金利差（10年－2年、〈5-22〉）は急縮小。**10年金利は低下し、利上げで景気減速を示唆する動き（秋へ）**となる一方、**2年金利は高止まりし、追加利上げを織り込む動き（夏継続）**。

〈❸ f 'からの注目点〉

2年金利の高止まりから、引き続き夏だが、10年金利の低下が続くようなら、秋に移るか。

第 5 章　世界から日本を考える

5-22　2年金利、10年金利の動き

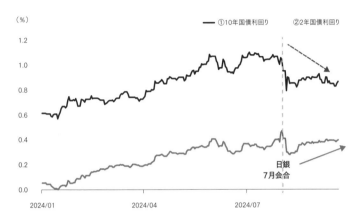

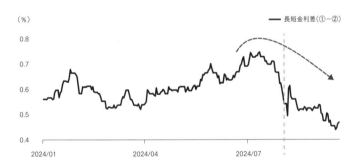

出所：ブルームバーグより筆者作成、2024年9月20日時点

③ 世界から見た日本（メインシナリオ）

i メインシナリオのポイント

・米国は、市場予想よりも早期に景気回復
・日本は、米ドル高・円安なのに、利上げが進まないジレンマ

このポイントをイメージ図に落とし込むと、〈5-23〉の通りです。季節を追って、まずはメインシナリオをお話しします。

5-23 メインシナリオ・リスクシナリオ

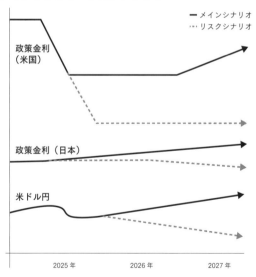

出所：筆者作成

ii 2024〜2025年　米国は短い冬へ、日本は夏トライも秋へ

〈米国〉　2024年9月から利下げ、いずれQT終了→冬へ

〈日本〉　短い夏→秋→冬へ

・2024年7月、すでに夏(利上げ)をトライ：

　日銀の2024年7月の利上げは小幅だったが、景気が見通し通りならば将来利上げを続けることを示唆。

　株価はピークをつけて下落、長期金利低下は、秋に向かう市場へのメッセージ。

・短いサイクルで夏から秋〜冬へ

　(実際、金融緩和は行わないが、利上げは当分見送り)

5-24

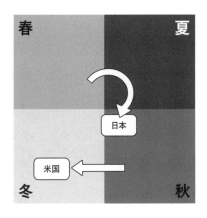

出所：筆者作成

iii 2025〜2026年　世界的に春

通常なら景気循環でタイムラグが生じる主要国の景気が、一斉に回復し、「春に全員集合」する超イレギュラーが起きそうです。そうなれば、商品市況の上昇などインフレ懸念が再燃します。

〈**米国**〉　信用サイクルが上向き＋金融緩和 → 早期に景気回復。
〈**欧州など他の先進国**〉金融緩和効果で景気上向き。
〈**日本**〉　インフレ率は急には上昇せず、利上げ再開もペースは
　　　　　緩やか。内外金利差拡大し、円安が加速。
　　　　　先頭で夏（利上げ）に向かうか？
〈**中国**〉　日米欧が春の中、金融緩和を積極的に行い、循環的に
　　　　　は景気回復へ（構造的な話は別だが）

5-25

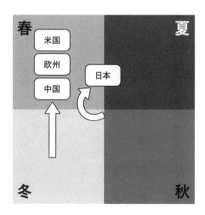

出所：筆者作成

iv 2027年〜 歴史は繰り返されるのか？

〈米国〉インフレ懸念から、再び利上げサイクル入り。（夏）

〈日本〉円安を理由に、利上げへ。（夏）

- ただし、日本経済が短期金利連動型（第4章参照）であり、大幅利上げは困難。
- 為替は、米ドル高・円安へ。
  →日銀の利上げの理由・目的が、インフレから円安抑制へ。政策金利変更に限界ある時は、為替介入とQT（MB縮小）。

〈日本 その後〉秋、冬へ

- 預金流出で一部の銀行に不安、信用サイクルも悪化か。
- 日本の景気減速＝貿易赤字縮小で、円安終了へ。

5-26

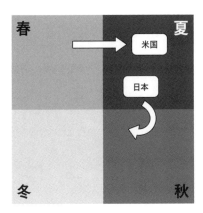

出所：筆者作成

④ 世界から見た日本（リスクシナリオ）

米国の大幅利下げに伴い、日本では、❸円安期（第3章2②参照）が既に終了し、❹期が誕生、❹円高期に入るシナリオです。

「**為替（円高）→ インフレ（低下）→ 為替（ドル買い）介入・金融政策（利下げ）→ MB（拡大）**」が繰り返されます。

〈米国〉　冬へ。商業用不動産等を起因とした信用サイクル悪化で、景気後退・金融危機など。

　　　　　大幅利下げを実施も、景気回復せず。

〈日本〉　冬へ。再度、デフレ局面に向かい、金融政策を転換、利下げへ。

5-27

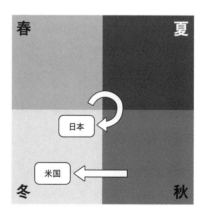

出所：筆者作成

⑤ 投資環境スコアで確認

　日本の景気に影響を与える米国がメインシナリオ通りに進んでいるか、絡み合う様々な要素を総合的に判断する必要がありますが、総合的判断とは、「言うは易く行うは難し」なのです。

　そこで、金融政策サイクル、信用サイクルで注目してきた金利や為替データを用いて、米国の投資環境を自動的に測定する方法をご紹介します。

i 投資環境スコアを作成〜自動的に総合判断

＊4つの基本データ、5つの項目

　金融政策を表す構成値に注目し、投資環境スコアを作成してみましょう。

　使用するのは、政策金利、10年国債利回り、社債スプレッド、米ドル指数、という4つのデータで、〈5-28〉記載の通り、全てセントルイス連邦準備銀行のHP（https://fred.stlouisfed.org/）から入手できるものです（2024年10月現在）。

　そして、投資環境スコアを作るには、5つの項目を使います。4つは前述の基本データで、残る1つには、基本データの2つを使った「長短金利差」（10年国債利回り－政策金利）を用います。

5-28 米国の金融政策サイクル（冬→春） 進捗確認シート

項目	英文名称	HP検索用コード	頻度 (Frequency)	単位 (Units)
政策金利	Effective Federal Funds Rate	FEDFUNDS	日次 (Monthly)	% (Percent)
10年 国債利回り	10-Year Treasury Constant Maturity Rate	DGS10		
社債 スプレッド	Moody's Seasoned Baa Corporate Bond Yield Relative to Yield on 10-Year Treasury Constant Maturity	BAA10Y		
米ドル指数 （※）	（Trade Weighted U.S. Dollar Index: Major Currencies 2005年12月まで）	（TWEXMMTH）	月次 (Monthly)	指数
	Nominal Broad U.S. Dollar Index（2006年1月以降）	TWEXBGSMTH		

出所：筆者作成、2024年9月時点

＊実際にスコアを作成

手順1）〈5-28〉の4つの基本データから、〈5-29〉にある5つの項目について、①②の数値を導く

手順2）「計算方法」に基づき、③の数値を算出

手順3）「判定基準」に基づき、③の数値を④個別スコアに変換

手順4）④個別スコアを合計し、⑤投資環境スコアとする

投資環境スコアは、「−10から＋10」で表され、数値が大きいほど投資環境が良好であることを意味します。

5-29

	項目	直近 2024年9月 ①	1年前 2023年9月 ②	計算方法 ③	判定基準	個別スコア ④
1	政策金利 （％）	5.13	5.33	前年差 （①−②）	③ ≦ 0.25 の場合 +2 ③ ＞ 0.25 の場合 -2	+2
2	長短金利差 （％）*	-1.32	-	水準（①）	③ ≧ 1 の場合 +2 1＞③≧ 0 の場合 0 ③ ＜ 0 の場合 -2	-2
3	長期金利 （％）	3.81	4.59	前年差 （①−②）	③ ≧ 0 の場合 +2 ③ ＜ 0 の場合 -2	-2
4	社債スプレッド （％）	1.63	1.78	前年差 （①−②）	③ ≦ 0 の場合 +2 ③ ＞ 0 の場合 -2	+2
5	米ドル指数	122.13	121.98	前年比 （①÷②）	③ ≦ 1 の場合 +2 ③ ＞ 1 の場合 -2	-2
					投資環境スコア ⑤	-2

※長短金利差＝米10年国債利回り - 政策金利
米ドル指数は月次のため同月は同値とした
出所：セントルイス連銀（Fred）より筆者作成

* 個別スコアの意味合い

改めて、スコアの意味合いは以下の通りです。

〈1. **政策金利**〉前年に比べて水準が高い（利上げ）時は、1年程度の時間を置いて景気減速に作用する。そのため、前年差が0.25より大きい場合は－2とする。

〈2. **長短金利差**〉重要な項目で、逆イールドすなわち長短金利差がマイナスになると景気減速を示唆するため、－2とする。

〈3. **長期金利**〉前年差を計算することで、長期金利が上昇トレンドか低下トレンドかの判断に用いる。長短金利差の補足的な存在で、例えば、長短金利差がマイナス（スコア－2）かつ金利が低下トレンド（スコア－2）にある時は、2つの項目を合わせて－4となり、景気減速の警戒サインとなる。

〈4. **社債スプレッド**〉水準の前年差を計算し、スプレッドの変化の方向性を見る。スプレッドが拡大に向かった場合は、景気減速のサインになり、－2とする。

〈5. **米ドル指数**〉前年比変化率を計算する。米ドル高の場合には、主に新興国経済にマイナスに作用するため、－2とする。

ⅱ ボトムの予測

〜投資環境スコアは過去の危機を見破れたのか

〈5-30〜5-33〉は、この投資環境スコアを日次でグラフ化したものです。見事に、投資環境スコアがおおよそ－6を下回ると、景気後退局面（1998年はロシア危機）が訪れています。

〈5-29〉で、現在（2024年9月末）の投資環境スコアは－2ですが、今後利下げが進んで長短金利差（水準）が拡大に向かうと、長短金利差のスコアが－2から＋2に変わるはずです。加えて、長期金利（前年差）が上昇し始めた場合は、長期金利のスコアも－2から＋2に変わり、季節が春に向かっている証拠です。〈5-33〉の投資環境スコアは、上に向かうと思われます。

一方で、社債スプレッド（前年差）が拡大に向かうと、信用サイクルが想定外に悪化している証拠で、前述〈5-23〉のリスクシナリオを検討すべきです。

政策金利、長期金利と長短金利差は、今後の景気動向だけでなく、投資環境を見極めていく上でも、重要なポイントです。投資にも予測にも「絶対」はありませんが、いずれにせよ、投資環境スコアが、今後の危機を予測するヒントになるのは間違いなさそうです。

5-30

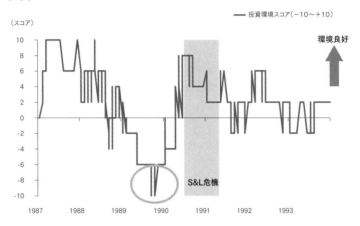

5-31

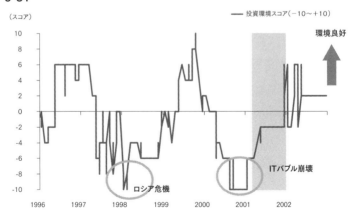

注）シャドーは景気後退局面(NBER)
出所：セントルイス連銀(Fred)より筆者作成

第 5 章　世界から日本を考える

5-32

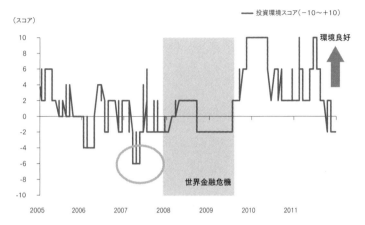

5-33

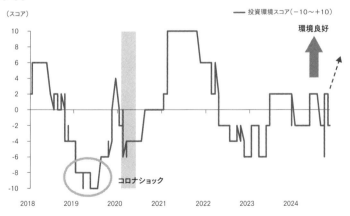

注）シャドーは景気後退局面（NBER）
出所：セントルイス連銀（Fred）より筆者作成

プラスα：チェックシートで米国を確認

いろいろな市場が発するサインに耳を傾けましょう。

〈5-34〉は、米国の金融政策サイクルで、冬から春に向かっていることを確認するシートです。

米国の金融緩和効果で、米国経済が回復に向かい、インフレが上昇に転じるならば、確認 ✔ が増えていくはずです。ぜひ、このシートを資産運用に活用してください。

一部の項目に少し補足しておきます。

〈4．米株（銀行／公益）〉金利低下の恩恵を受ける両業種のパフォーマンス比較で、銀行は短期金利低下の恩恵を受け、公益は長期金利低下の恩恵を受ける。

〈7．銅／金の価格レシオ〉金価格は金融政策（米ドル）に連動し、銅は実態経済に連動するので、通常は、金→銅の順で底打ちする。

〈8．米株（輸送／公益）〉景気敏感と景気安定の比較になる。

〈9．インフレ連動債 期待インフレ率の上昇〉インフレに債券の償還価格が連動するインフレ連動債と米国債のスプレッドで、債券市場参加者のインフレ予想が反映する。

5-34 米国の金融政策サイクル（冬→春） 進捗確認シート

No	項目		参考：FRED、ETF	確認
1	金融緩和効果	長短金利差の拡大	T10Y2Y	✓
2		米ドル安	TWEXBGSMTH	
3		金価格の上昇	GLD（ETF）	✓
4		米株　相対業種 （銀行／公益）レシオの上昇	KBE（ETF）/ XLU（ETF）	
5	景気回復	米10年金利が上昇	DGS10	
6		社債の スプレッドが縮小	BAA10Y	✓
7		銅／金　価格レシオが上昇	COPX(ETF)/ GLD(ETF)	
8		米株　相対業種 （輸送／公益）レシオの上昇	DJTA/DJUA	
9	インフレ上昇	インフレ連動債 期待インフレ率の上昇	T10YIE	
10		WTI原油価格の上昇	DCOILWTICO	

出所：筆者作成、2024年9月時点

5-35 チェックリスト 参考グラフ

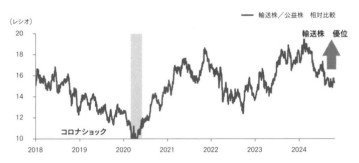

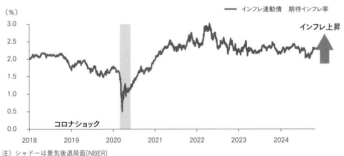

注）シャドーは景気後退局面(NBER)
出所：FRB、St Louis 連銀(FRED)より筆者作成

第 6 章
投資に活かす

Applying this to investment

1 預金だけの時代は終わった

① 資産運用は苦手、という意識が大事！

資産運用とは、自分の資産を効率的に増やすことです。

預金は、資産運用商品の1つで、預金の良さは、やはり元本保証でしょう。投資信託協会のアンケートで、預金以外の資産運用をしない理由のダントツ第1位が「資産が減る（元本割れ）可能性があるから」となっています。たしかに、運用商品の多くは元本保証がないのは事実で、それがリスクだと言われれば否定はできません。

では、本当の意味で、資産を増やしたいと思っているのでしょうか。資産運用に関心はないのでしょうか。

意外に、資産運用が苦手だと思っている方は、投資に向いているかもしれません。苦手だからこそ、一攫千金を狙わず、短期売買は避け、預金利息プラスアルファを目標に、堅実な投資ができそうです。

6-1　投資をしたくない理由（複数選択可）　　　　（％）

今の資産が減ってしまう可能性があるから	**38.0**
投資に対するイメージが悪いから	26.2
何を選んだらよいかわからないから	25.8
とにかく手続きが面倒だから	24.8
手数料などの費用がかかるから	22.0
値動きを気にして疲れそうだから	21.0
資産がどのくらい増えるのかわからないから	13.2
周りに投資している人がいないから	7.6
その他	4.2

出所：投資信託協会　2023年度調査より筆者作成

　投資をするにあたり、手続きや手数料など致し方ない部分はありますが、「資産が減るのをなるべく避けたい」「何を選べばいいのか」「値動きが気になる」については、この第6章にヒントやアドバイスを書かせていただきました。是非、参考にしてください。

② 預金ではダメですか？

　預金にもメリットとデメリットがあります。利上げ・インフレの時代だからこそ、預金以外の資産運用も検討すべきです。

ⅰ 利上げでも、預金金利はそれほど上がらない

　最近の米国が、その実例で、政策金利が5.0%でも、民間銀行の預金金利は0.64%程度です〈6-2〉。

　その理由は、低金利が続いていたため、銀行の保有債券や貸出の簿価が高く、利上げで評価損が膨らむのに、利上げと同じペースで預金金利を上げてしまうと、逆ザヤになり、銀行の収益が更に圧迫されるからです。

　日本も、預金金利はなかなか上がらないでしょう。

ⅱ「インフレ」でお金の価値が下落

　例えば、1,000円で2個購入できた商品が、1年後には1個しか購入できなければ、1年で1,000円の価値が半減したことになります。

　例えば、給与の手取り額は同じでも、物価が上がると、生活が苦しくなるのは、手取り額の価値が下がったからです。

　インフレは今後も続く予想なので、物価が上がる分だけ資産を増やさないと、資産価値はどんどん目減りしていきます。

iii 何もしないこともリスクの1つ

　利上げやインフレが続く場合、預金金利だけに頼る、または、何もしない、という運用スタイルは、資産価値を下げてしまうリスクが伴っています。

　資産価値を維持、または、増やすためには、資産運用が必要なのです。

6-2　米国　政策金利と預金金利

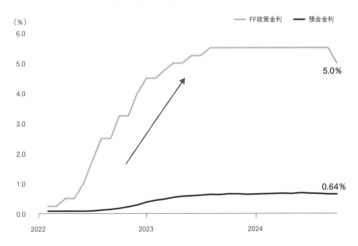

注）預金金利は、Money Market（National Deposit Rates, FDIC）
出所：ブルームバーグより筆者作成、2024年9月20日時点

③ ギャンブル・投機・投資の違い

　資産運用には種類があり、運用商品によってメリット・デメリットが違い、人によって得意分野も許容できるリスクも違います。

　資産を増やす方法は、ギャンブル、投機、投資などさまざまです。馬券や宝くじはギャンブルの要素が強く、個別株の短期売買は投機と言えるでしょう。預金は、長期間預けることで利息を確実に積み重ねるので、投資の1つです。

　「投資」とは、投資家も投資先（国や企業）も参加者全員が、経済成長とともに利益を積み重ねていく、プラスサム方式の資産運用です。成長には時間がかかるため、「長期」投資（投資を続けること）が前提となりますが、リスクを抑えることができます。

　ただ、長期投資とは、言うほど簡単ではありません。預金は利息が下がっても預けたままなのに、預金以外の投資では、途中の価格下落で売ってしまう人が多く、それがトラウマとなって投資を再開できない人もいます。

　欲張らず、大きな損失を避け、小さな利益を積み重ねるよう、投資スタイルを工夫し、投資商品を選ぶことを心がけましょう。

6-3

	ギャンブル
例	競馬・宝くじ
利益（パイ）のイメージ	賭け金総額から主催者の運営料（テラ銭）を差し引いた残金を勝者で分配 例）中央競馬は賭け金総額の約25％がテラ銭で、残りの約75％が勝者の配当金
期間	**一瞬**で勝負が決まる 例）競馬レースの終了、宝くじの当選発表
特徴	・**マイナスサム**方式＝勝敗にかかわらず、テラ銭を払う ・テラ銭を除いた**残ったパイの奪い合いのイメージ** ・確率は低いが、一瞬で儲かることがある

	投 機
例	株式のデイトレード
利益（パイ）のイメージ	相場観・勘・機（タイミング）を磨き、誰かと反対の行動をとる（見通しの違いに賭ける）ことで**価格変動のサヤ**を抜く 例）株式を売りたい人から買い、価格が上がったら買いたい人に売る
期間	一時的な価格変動でサヤを抜く**短期的取引**
特徴	・**ゼロサム**方式＝誰かの利益が誰かの損失になる ・価格変動によるサヤという**お互いのパイを奪い合う**イメージ ・大きな利益も期待できるが、大きな損失を被ることもある

	投 資
例	株式・債券の長期保有
利益（パイ）のイメージ	長期に渡り出資したり、資金を貸したりすることにより、国や企業が**経済成長とともに発展し、資産価値が増す**ことで、パイが膨らむ 例）企業の業績が向上し、配当が増す
期間	結果を期待し成長を見守るため**長期投資**が前提
特徴	・**プラスサム**方式＝投資家全体が収益を得ることができる ・成長により**生み出されたパイを皆で分け合う**イメージ ・長い時間をかけてコツコツと利益を積み上げていく

出所：筆者作成

④ 自分にあった投資スタイルを見つける

　長期投資成功のコツは、「分散投資」です。勿論、「集中」させた方が、大きな利益を得る可能性はありますが、値上がりする市場や商品を見極め、安値で買って高値で売るというのは、実はかなり難しいことなのです。例えば、株価と、投資信託への資金流出入金額の推移を比べてみると〈6-4〉、株価が高いときに投資信託を購入し、安いときに売却しているのが分かります。

　結局、価格が下がると手が出ず、買い場を逃してしまうので、購入のタイミングを分ける「時間分散」と、投資の対象を分ける「ポートフォリオ分散」の組み合わせが成功への近道です。

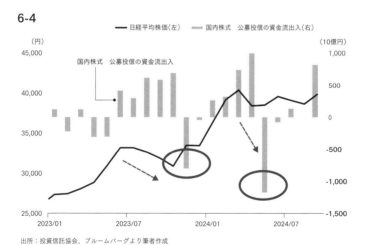

6-4

出所：投資信託協会、ブルームバーグより筆者作成

第6章 投資に活かす

2
投資の心得

① なぜ、「長期」投資が有効なのか

i 時間が味方の長期投資

　例えば、2000年1月～24年8月に、日本株（日経平均株価）と米国株（S&P500種、為替要因を含む円ベース）に半々に投資した場合、一目瞭然で、保有年数が長いほど騰落率は安定します。

　これは、景気に四季があり、損益が平準化されるからです。

　時間を味方にすれば、景気動向も投資のタイミングも大きな問題ではありません。

6-5　保有期間別の騰落率（年率後）

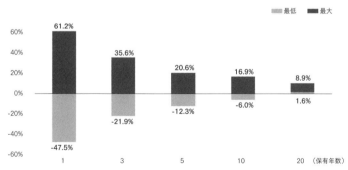

米株（円ベース）と日本株を50％ずつ保有したと仮定
出所：ブルームバーグより筆者作成、期間：2000年1月～2024年8月

ii 長期投資は、チャンスを逃さない

　投資信託協会の別のアンケート結果では、価格が▲10％程度下落したら、投資は続けられないという人が7割を占めました。

　日本株と米国株に半々投資するポートフォリオを見てみると、直近約5年間投資し続けた場合、累計＋96％に上昇している一方、▲10％下落した時点で売却し、市場から半年間退出（投資休止）した場合、同期間の上昇率は＋25％に留まります〈6-6〉。

　理由は、市場の反発局面（急上昇）は、下落局面の後に来ることが多いからです。淡々と投資を続けていれば、結果的に買い場を逃すことはなく、反発局面の恩恵を受けられるのです。

6-6

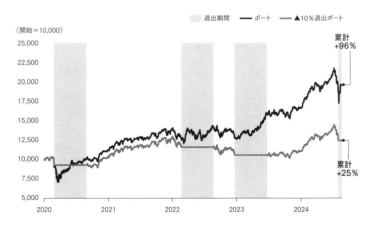

米株（円ベース）と日本株を50％ずつ保有したと仮定
出所：ブルームバーグより筆者作成、期間：2020年1月〜2024年8月

第6章 投資に活かす

② 時間分散投資

　時間を分散して購入する方が、一括購入よりも、投資を続けやすいはずです。価格下落からの回復が早いからです。日本株と米国株に半々投資するポートフォリオで、2020年1月に投資を始めた人の収益率が、マイナスになった日からプラス％に回復するまで、時間分散投資では92日、一括投資では183日でした〈6-7〉。

　時間分散とは、毎月末に1万円ずつなど、「定期的に」「定額」を購入すればよく、投資期間が長いほど平均購入価格が平準化します。買い場を逃さないだけでなく、高値掴みを避けることができ、リスク分散にもつながります。

6-7

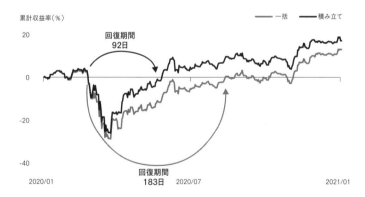

米株(円ベース)と日本株を50％ずつ保有したと仮定
出所：ブルームバーグより筆者作成、期間：2020年1月～2020年12月

③ ポートフォリオ分散投資

　ポートフォリオとは、具体的な金融商品や運用商品の組み合わせのことで、ポートフォリオ分散とは、大きな損失を避けるため、安定的な収益を得るため、種類が異なる商品に投資する手法です。例えば、株と債券、国内と海外、その割合など組み合わせは様々です。

i 投資における4つのリスク

　投資には、4つのリスクがあります。リスクの異なる商品を組み合わせることが、一度に大きな損失を被らないコツです。

＊価格変動リスク

　株式や債券の価格が、発行体の業績や景気動向によって変動するリスク

＊信用（デフォルト）リスク

　有価証券の発行体（国や企業）の財務状態が悪化し、債務不履行（債券の元利金の不払いなど）が起きるリスク

＊金利変動リスク

　市場金利の変動により、金融資産の価格が変動するリスク

＊為替変動リスク

　為替レートが変動することで、資産価格が増減するリスク

第6章 投資に活かす

ii ベース資産を築く

投資資産には、ベース資産とリスク資産があります。

ベース資産とは、安定的な収益を生み出す、投資資産の土台となるもので、景気動向や相場の変動にあまり左右されず、長期にわたりコツコツと収益を積み上げていくことができるインカムゲイン主体の資産です。

リスク資産とは、リスクに応じ、価格差益や為替差益など収益が上乗せされることも、損失となることもある資産です。リスクが大きいほど景気動向・相場の変動に左右されやすく、相場上昇時の収益は大きいですが、下落時の損失も大きいのが特徴です。

少額でも安定収益を生み出すベース資産は、長期投資の要となります。投資を始める際には、まず、ベース資産を何にするか、どの程度組み入れるかを考えましょう。

6-8　ベース資産のイメージ

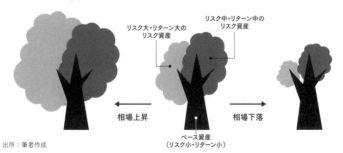

出所：筆者作成

iii 何をベース資産にするべきか

ベース資産は、リターンの大きさではなく、景気動向に左右されないこと、収益を積み上げていくことが求められます。

日本国債、米国債（為替オープン）、日本株、米国株を用いて、3つポートフォリオを考えてみました〈6-9〉。

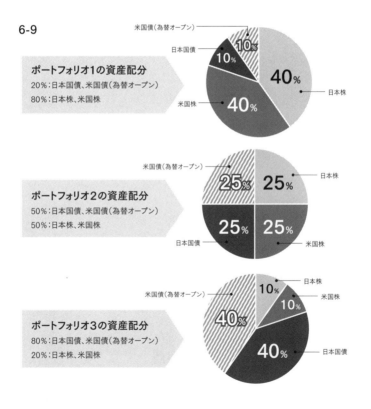

6-9

ポートフォリオ1の資産配分
20％：日本国債、米国債（為替オープン）
80％：日本株、米国株

ポートフォリオ2の資産配分
50％：日本国債、米国債（為替オープン）
50％：日本株、米国株

ポートフォリオ3の資産配分
80％：日本国債、米国債（為替オープン）
20％：日本株、米国株

第6章 投資に活かす

　そして、〈6-10〉は、ポートフォリオ1〜3の資産配分で景気後退局面（リーマンショック）前後の損益を比較したものです。

　ポートフォリオ1は、相場上昇時の収益性は魅力的ですが、長期投資の実現という面では、相場下落時の痛手が大き過ぎる気がします。ポートフォリオ3は、投資資産の損益の変動幅は小さく、相場下落時には、株式での損失を債券がカバーしています。

　ベース資産には、日本国債や米国債が最適で、他にも、国内社債や為替ヘッジ付外国債券があります。リスク資産は、株式やREIT、新興国債券やハイイールド債券になるでしょう。

6-10　ポートフォリオ別　リターン

出所：ブルームバーグより筆者作成、データ期間2004年〜2013年

④ ポートフォリオを考えよう

ポートフォリオ（保有する金融商品や投資商品の組み合わせ）の考え方の基本をアドバイスさせていただきます。

投資を始める時、迷った時、確認してみてください。

〈Advice 1〉

ベース資産を何にするか、どんな資産配分か、まずは自分に合った「基本型」を見つけよう。

〈Advice 2〉

値動きの大きさ・時期・方向が異なる金融商品に分散投資しよう。なお、豪ドルと新興国への同時投資は、動きが類似し、分散にならないので注意しよう。

〈Advice 3〉

個別銘柄に詳しくなければ、投資信託（ファンド）を選択肢に入れよう。ファンドは、元々複数の銘柄や金融商品を組み入れてリスク分散しているからだ。

〈Advice 4〉

債券だけに投資する際は、ベース資産を主に国内債・為替ヘッジ付外債、リスク資産を主に先進国外債・為替ヘッジ無の外債とするなど、債券の中でリスクの大小に応じて区別しよう。株式に投資する際は、株式の中でのリスクの大小を考えよう。

第6章　投資に活かす

〈Advice 5〉

基本型から資産配分を少し変えることで、さらに積極的な運用にも、さらに堅実な運用にもアレンジできる。

6-11　ポートフォリオのアレンジ

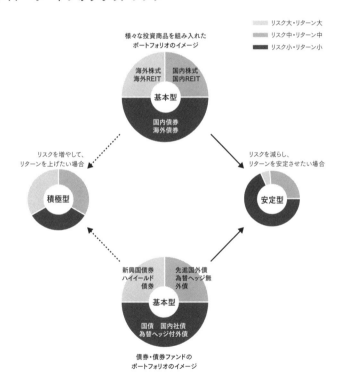

出所：筆者作成

⑤ 実は理想的？　日銀のポートフォリオ

　日銀は、2024年3月の金融政策会合で、ETF・REITの新規買い入れの終了を決定しましたが、既に、日銀のETF保有額は簿価ベースで約37兆円に達し、日銀のポートフォリオ（簿価ベース）の約5％を占めています〈6-12〉。

　日銀が保有するETFについては、デメリットや売却方法がよく議論されますが、保有するメリットも忘れてはいけません。

　今やETFからの分配金の規模は年間1兆円を超え、保有国債の利息収入に迫るほどで、日銀の収益源の1つとなっています〈6-13〉。また、日銀が利上げを進める過程では、民間銀行に支払う当座預金の利払いが膨らみますが、この分配金はその影響を緩和するのにも役立ちます。

　そして、日銀の2023年度決算によると、保有ETFの評価益は約37兆円に達し（時価が簿価の約2倍）、この数年の金利上昇に伴う保有債券の評価損約▲9兆円を十分に相殺しています。

　日銀は、まさにインフレ局面での資産運用、つまり、長期投資（時間分散×ポートフォリオ分散）でのバランス運用を実践しているとも言え、私たちも日銀のポートフォリオを見習ってみてもいいのではないでしょうか。

第6章 投資に活かす

6-12 日銀の資産内訳(簿価ベース、2023年度末)

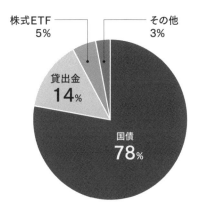

6-13 日銀 国債利息収入に迫るETF配当金

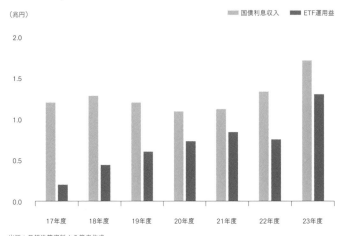

出所:日銀決算資料より筆者作成

プラスα：豪ドルは新興国経済に連動する

i 商品市況の下落は、新興国には▲、先進国には＋

　新興国には、資源産出国（売り手）であるロシア、ブラジル、メキシコなどと、資源の需要国（買い手）である中国が共存します。中国経済が減退すると、商品（資源）価格が下がり、資源産出国の経済も減退し、新興国全体が景気後退に陥りますが、先進国では、原材料価格の低下で企業の収益性が増し、景気は拡大します。つまり、商品市況の下落は、新興国にとってマイナス、先進国にとってプラスに働きます。

ii オーストラリアは、先進国＆資源産出国

　オーストラリアは先進国ですが、鉄鉱石、銅、金、石油、天然ガスなどの資源産出国でもあるため、商品市況の下落・中国経済の減退は、オーストラリア経済を減退させ、金融緩和を背景に、豪ドルの下落につながります。

iii 類似の働き

　結果として、〈6-14〉のとおり、豪ドルの動向は商品市況と連動する新興国経済の動向に類似することになるのです。

第6章 投資に活かす

6-14

出所：ブルームバーグより筆者作成、シャドーは景気後退局面（NBER）

豆知識：REIT

REIT（Real Estate Investment Trust）とは、不動産投資信託のことであり、日本国内法に則したものを、J-REITと言います。投資家から資金を集めて、オフィスビルやマンションなど不動産に投資し、賃料収入や不動産の売買益等の運用益を原資として、投資家に分配する金融商品です。

3 景気に合わせたポートフォリオの構築

① 景気循環と市場の関係

　投資の基本として、時間分散とポートフォリオ分散をご紹介しましたが、応用編で、景気循環に合わせたポートフォリオの構築を目指しましょう。

　まず、前述の景気循環とイールドカーブ変化の関係に加え、景気循環と各市場の関係〈6-15〉を理解し、次に、今が景気循環のどの局面に位置しているかを知ることが重要です。

　今の局面がわかれば、先手を打つ運用ができ、再現性が高まるなど、投資にとってはメリットばかりです。また、景気循環は1周が5年程度、1局面が1〜2年程度であるため、ポートフォリオを調整しやすい期間でもあります。

　景気が変われば、相場は変動します。景気に合わせてポートフォリオを構築、または、調整できれば、相場変動を味方に付けることもできるはずです。

　では、景気循環と市場の関係を再確認しておきます。

第6章　投資に活かす

6-15　米国景気の移り変わり

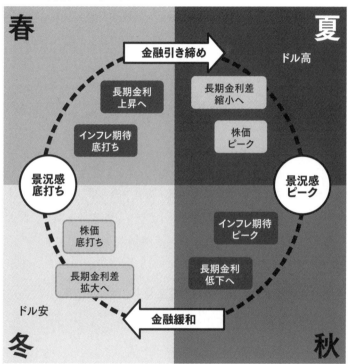

i 景気減速期：経済指標や企業業績の悪化が鮮明となる局面

金融市場では、いわゆるリスクオフの展開となり、市場全体として変動性が高まります。

〈株式市場〉
- 株式などのリスク性資産が下落。

〈債券市場〉
- 短期の金利が先行して低下（ブル・スティープ化）。
- 社債などは、対国債との金利差（社債の場合は、社債スプレッド）が拡大。時には、国債利回りが低下（価格は上昇）しても、低格付けの社債利回りは逆に上昇（価格は下落）する。

〈商品市況〉
- 銅や原油などが、景気減速と需要減少を受けて下落。
- 金や銀は、金融緩和を受けて上昇を開始。

〈為替市場〉
- 米国次第だが、日本よりも早い米国の金融緩和を受けて米ドル安が先行。
- 経常黒字国や低インフレ国など本来通貨高になる要素を備えた通貨（円やスイスフラン）が、避難通貨として買われる。

ii 景気回復期:経済指標や企業業績が底打ちする局面

実際の経済指標や企業業績で景気回復が確認できるのは少し先になるが、金融市場は両者の改善を先取りして動きます。

市場全体として、i景気減速期で高まった市場変動性が低下し、投資しやすい環境に向かうことから、投資家のセンチメントも改善します。いわゆるリスクオンの展開です。

〈株式市場〉
- 株式などのリスク性資産が上昇。

〈債券市場〉
- 長期主導で金利が上昇(ベア・スティープ化)。
- 社債などは、対国債との金利差が縮小。高格付け社債からハイイールド債などの低格付け社債へシフトし始める。

〈商品市況〉
- 商品市況では、景気回復期待を受けて、銅や原油などが上昇を開始。

〈為替市場〉
- オーストラリアやカナダなどの資源産出国の通貨が選好されやすい。

iii 景気拡大期：経済指標や企業業績の回復が鮮明となる局面

個人消費が回復し、住宅投資、企業の設備投資が活発化します。需要の増加で、商品市況が上昇し、期待インフレ率が高まり、金融引き締めが始まります。

〈株式市場〉
- 金利上昇に伴いPER（株価収益率）が高い企業の株価が一時的に調整（下落）する傾向あり。

〈債券市場〉
- 債券市場では、短期主導で金利が上昇（ベア・フラット化）。

〈為替市場〉
- すでに利上げが始まっている国の通貨とそれ以外の通貨で差別化が起こる。
- 米国は景気循環で先行し利上げを行うため、米ドル高の傾向が強い。

iv 景気成熟期:経済指標や企業業績が頭打ちする局面

遅行指標である住宅投資など金利上昇の影響を受ける経済指標に陰りが見え始め、金融市場は景気減速を先取りする動きとなります。

〈株式市場〉
- 金利低下や自社株買いなどを受けてPERが上昇。
- 株価も堅調に推移。

〈債券市場〉
- 長期主導で金利が低下(ブル・フラット化)。
- 社債などは、対国債との金利差が拡大し始める。

〈商品市況〉
- 金融引き締めを受けて、金価格が先行して下落。

〈為替市場〉
- 欧州の利上げが本格化するが、米国の利上げサイクルが終盤に近付くことから、欧米金利差縮小とともに欧州通貨が上昇しやすい。
- 一方で、商品市況の下落から、資源国通貨が下落しやすい。

プラスα：インフレ率　体感温度はもっと高い？

i インフレ率、なぜ低い？

　2024年7月のCPI（消費者物価指数）は前年比2.7%（全体）と報じられました。例えば、1年前1,000円だったものが1,027円になっているということですが、買い物、外食、旅行など、もっと値上がりしていると感じませんか？

　インフレに対する消費者の体感温度は、スーパーや小売店の販売価格に引きずられます。〈6-16〉のとおり、購入頻度別の物価指数では、たしかに「頻繁に購入する品目」が一時、前年比9%を超える水準まで上昇しました。

　また、日本は、生活に欠かせないエネルギーや食料品などの多くを海外からの輸入に依存しているため、CPIが為替の影響を大きく受ける体質になっています。円安は、値上げの方向です。

　しかし、実はCPIの項目で2割程度も占める「家賃」は、ほぼゼロ％が続いているのです。日本の家賃は、借主が制度上強いこともあり、構造的に上がりにくく、CPIのアンカーとなっています。

　CPI（全体）は、この家賃に代表される低インフレの項目により、体感よりも低く感じるのです。

ii インフレターゲットは、利上げを急がない理由

日銀は、インフレターゲットを「安定的に2%」とし、暗にそれまでは利上げしないと言っていますが、その目標達成は容易ではなく、利上げを急ぐ理由にはなりそうにありません。

6-16

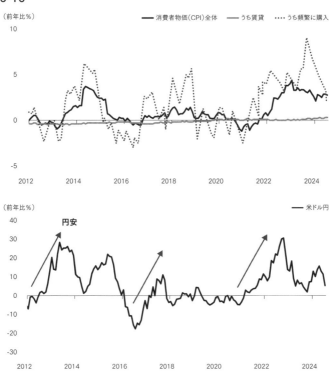

出所：ブルームバーグより筆者作成

iii インフレ局面は、なぜ株高？

＊共通点は、高インフレ率

この1年間で最も株価が上昇した国は、アルゼンチン（+252％）、トルコ（+48％）、他にもナイジェリアやエジプト……共通点は、インフレ率が高いことです〈6-17〉。

＊高インフレが株価を押し上げる理由は？

なぜ、インフレ率が高いと、株価が上昇するのでしょうか？

理由は、企業の貸借対照表を考えると分かります〈6-18〉。

- 資産サイド：企業の売上、保有資産・在庫などの価値は、インフレで上昇
- 負債サイド：借金（負債）の金額は、インフレでも不変
- 純資産　　：企業価値である純資産（資産－負債）は、インフレ局面で拡大

ただし、インフレ体質の国では自国通貨が下落しやすく、自国通貨安＝インフレ高＝株高の関係が成り立ち、為替を考慮しなければならない海外投資家にとっては、高インフレ国への投資は妙味が少なくなります。

もし、日本の円安がインフレ高に起因しているなら、海外投資家の参入が乏しい中、株高になってもおかしくはありません。

6-17 インフレ国の株式市場

（単位％）

国名	株価指数上昇率 （過去1年間）	インフレ率 （前年比）	通貨対ドル変化率
アルゼンチン	252	139	-70
トルコ	48	57	-19
ナイジェリア	56	30	-54
エジプト	61	25	-36
カザフスタン	39	8	-6
日本（参考）	19	2	-5

出所：ブルームバーグ　　2024年7月時点

6-18 インフレで株価が上昇する理由

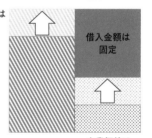

出所：筆者作成

② 金融政策サイクルとポートフォリオ

景気の大局を見据えたポートフォリオ事例をご紹介します。

i 2024～2025年　冬のポートフォリオ事例

米国は短い冬へ、日本は夏トライも短いサイクルで秋～冬へ

米ドル安、米株安、米金利低下の局面です。

- 米国の冬は短く浅いと思われ、米株は一定程度継続して保有
- 米債（高格付け）は、金利低下で値上がりすると思われ、米株安を一部補完か
- 米ドルの比率（金を除く）は40％
- 金（ETF）は、金価格の上昇が米ドル安を上回ると思われる
- 夏の株安で調整した日本株は、一部現金化も継続保有

6-19

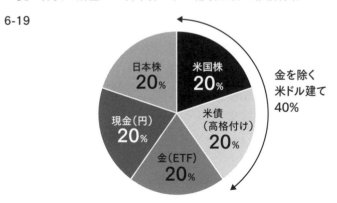

ii 2025〜2026年　春のポートフォリオ事例

世界的に春になる時

米ドル安、米株高、米金利上昇の局面です。

- 株式と債券のバランス運用・分散効果が効きにくいことから、米債（高格付け）から、ハイイールド債へ入れ替え
  →春の局面では、ハイイールド債は、国債とのスプレッドが縮小し、米国株より先に上昇に転じる傾向にあり
- 金（ETF）が、最も上昇する局面（後述のプラスα参照）
- 日本株は、銀行株など、金利上昇に相対的に強い銘柄を選考
- 現金は、豪ドルなど資源産出国の通貨などで保有
- 新興国の通貨、債券なども投資候補か

6-20

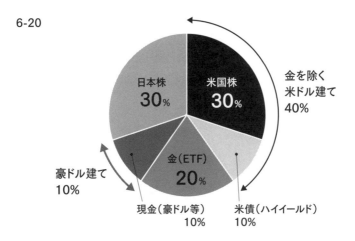

iii 2027年〜　夏のポートフォリオ事例

インフレ懸念から世界的に利上げへ

　世界的な景気回復で、商品市況の上昇とインフレ懸念が焦点になります。米欧とも利上げ局面入りで、日銀も利上げを再開しますが、米ドル円は内外金利差から円安が進行するでしょう。

- 株式市場は、夏に見られる調整局面を想定、また、日本株は日銀の量的引き締めと為替介入などで、やや変動が大きくなる見込みで、日米株式から一部を現金へシフト
- 現金は、円と米ドルで保有。米ドル保有で、円安効果を享受
- 商品市況上昇も、金価格は先行して調整か。しかし、日本からの投資は、円安効果が補完すると見込まれ、金の保有継続

6-21

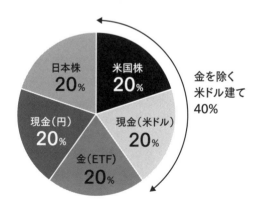

iv 2028年〜 秋のポートフォリオ事例
実りの秋、ただし、冬支度も忘れずに

利上げ効果に伴うインフレ懸念の後退と、おそらくこの頃は信用サイクルにおけるレバレッジの拡大で、米国への資金流入が加速します。米ドル高、米株高、米金利安定と、投資が最も充実する局面を迎えますが、次の冬に備えた入れ替えも進めましょう。

- 株式市場の比率を引き上げるも、同時に日米債券の比率も増やしたバランス運用
- 米債（高格付け）は、米国長期国債（TLT）、モーゲージ債（MBB）、米国総合（AGG）など流動性が高いETFなど
- 金（ETF）は下落に向かうため縮小

6-22

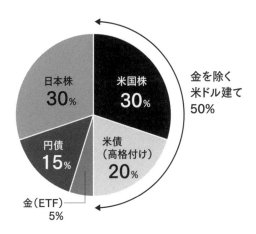

プラスα：「金」が輝く時

　金（ゴールド）価格が上昇しています。

　2020年以降、各金融商品のリターンを円ベース（為替の変化率を含む）で比較すると、米国株と金が抜き出ていて、次いで、日本株となっています〈6-23〉。

　金は伝統的にインフレになると買われる傾向にあります。物価の上昇で現金の実質価値が下がる一方、実物資産である金の価値は目減りしにくいと考えられるからです。2020年以降の金価格上昇の背景には、世界的なインフレ懸念があるのでしょう。

　また、〈6-24〉を見ると、面白いことに、日本株と金の価格がほぼ同じペースで上昇しています。ただ、日本株の上昇は、日本企業の収益云々ではなく、単に日本円（現金）の価値下落とインフレが同時進行した際の偶然の産物だと言う人もいます。しかし、偶然がこれだけ重なれば、真実味が増すとも言えます。

　日本で金に投資したい場合、金の現物だけでなく、金に関わるETFや投信を購入することもできます。今後、インフレ局面（春）を想定する際は、ポートフォリオ分散で、「金」を組み入れるのは意外と悪くないかもしれません。

第6章 投資に活かす

6-23 2020年以降の累計騰落率（円ベース）

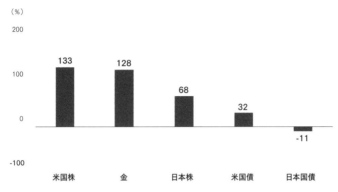

出所：ブルームバーグより筆者作成、データ期間2020年1月〜2024年9月

6-24 株価と金価格の推移

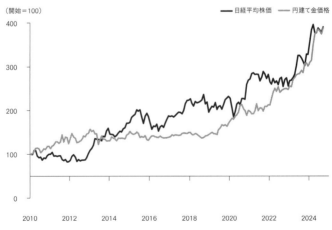

出所：ブルームバーグより筆者作成、2024年9月時点

おわりに

金利のある世界にようこそ！

円債がベース資産だった時代

まずは、『金利を見れば投資はうまくいく　日本編』をご購読いただき、ありがとうございました。

最近は、「金利のある世界が戻ってきた」というタイトルが目に付き、国内金利の上昇で私たちの生活がどのように変わるのかに関心が高まっていますが、まだ、円債を資産運用の対象にしようという話には至っていないと思われます。

私は、1989年に、生保で債券運用部門に配属され、金利の世界に入りました。当時は、日銀の利上げで、円債利回りが上昇してきた局面で、日本の10年国債利回りは6.0％以上もあり、円債がベース資産に適した時代でした。私の元上司は、この金利上昇を好機と捉え、「外国債券から円債への大幅な入れ替え」という英断を下したのですが、その瞬間を私は今でも鮮明に覚えています。

ゼロ金利は資産運用難の時代

海外では、国債や社債がベース資産としてポートフォリオの中心にあります。また、株式と債券の値動きが一般的に逆方向に動くことを利用したバランス運用が定着しています。これにより、ポートフォリオ全体の値動きがより小さくなり、長期保有・長期投資が可能になり、この成功体験から個人の資産運用も進み、資産運用業界にも活気が続いています。

一方、日本では、ゼロ金利に向かうにつれて、円債がベース資産から外れ、預金＋株式（投信）の組み合わせが、個人の資産運用に定着しました。預金には分散投資効果が期待できないため、株式が少し変動するだけで売り買いを繰り返すため、長期投資が定着しなかったのだと思います。

ゼロ金利は、資産運用難の時代だったと言えるでしょう。

昨今の国内金利の上昇は、住宅ローンなど金利の負担増に目が行きがちですが、円債がベース資産に戻ってくることで、ポートフォリオの幅が広がるという良い面もあります。

本著で主眼を置いた「円金利」を見ながら投資を行うことができる時代になりそうです。

資産運用の必要性

　ただ、円金利が上昇する環境とは、円安とインフレが訪れる局面であり、何もしないと現金の価値が目減りしてしまう環境でもあるのです。

　私は、読者の皆様に、身近にある円金利を通じて経済の仕組みを理解していただくとともに、まだ続くだろうインフレに対応すべく、一人ひとりが資産運用を実践する必要に迫られている状況にあることをお伝えしたいと思い、本著を書きました。

　日本の経済は、第2章で振り返った通り、米国の、そして為替の影響を大きく受けてきました。その都度、日銀は苦悩し、対処し、今やっと長かったデフレの時代が終わろうとしています。

　これからは「金利のある世界」になるのですから、私たちの資産運用に対する意識も変えなくてはなりません。

　2024年から新NISAが開始され、これからの資産運用を考える良い機会でもあります。一攫千金を狙うのではなく、「長期投資」の実現を目指して、時間分散・ポートフォリオ分散でリスクを抑えながら、投資の一歩を踏み出してみてはいかがでしょうか。

おわりに

本著を感謝のしるしに

最後になりますが、私が今でもファンドマネージャーとして金利の世界に身を置いていられるのは、まわりの方々に恵まれたからだと思います。金利の凄さ、ファンドマネージャーとしての醍醐味を教えてくださった上司の方々、苦楽を共にしてきた同僚、ファンドマネージャーとして運用する機会を与えてくれた会社、情報提供してくださった取引先金融機関、信頼してくださったお客様、そして、今の私を支えてくださる全ての皆様に改めて感謝申し上げます。

また、本著の出版にあたり、編集者として携わってくださった小早川幸一郎様（株式会社クロスメディア・パブリッシング代表取締役）をはじめ、本著が書店にならぶまでご協力、ご尽力いただきました皆様に、この場を借りて御礼申し上げます。

［著者略歴］
堀井正孝（ほりい・まさたか）

マネックス・アセットマネジメント（株）債券運用部長。国内有数である先進国債券ファンド「グローバル・ソブリン・オープン（通称グロソブ）」元運用責任者。第一生命保険（株）および系列運用会社、国際投信投資顧問（株）（現三菱 UFJ アセットマネジメント（株））、SBI 系列運用会社での債券運用歴 30 年超。著作に『改訂版 金利を見れば投資はうまくいく』など。

……………………………………………………………………………………

金利を見れば投資はうまくいく
日本編

2024年12月1日　初版発行

著　者	堀井正孝
発行者	小早川幸一郎
発　行	株式会社クロスメディア・パブリッシング 〒151-0051 東京都渋谷区千駄ヶ谷4-20-3 東栄神宮外苑ビル https://www.cm-publishing.co.jp ◎本の内容に関するお問い合わせ先：TEL(03) 5413-3140／FAX(03) 5413-3141
発　売	株式会社インプレス 〒101-0051 東京都千代田区神田神保町一丁目105番地 ◎乱丁本・落丁本などのお問い合わせ先：FAX(03) 6837-5023 service@impress.co.jp ※古書店で購入されたものについてはお取り替えできません
印刷・製本	中央精版印刷株式会社

©2024 Masataka Horii, Printed in Japan　　ISBN978-4-295-41036-2　　C2034